Ach so!

Les bases de la grammaire allemande : tout reprendre à zéro

Waltraud Legros
Agrégée de l'université

ellipses

Du même auteur parus aux éditions Ellipses :

Réussir le thème allemand

Réussir l'oral d'allemand

S'exprimer en allemand

L'avis des mots. Les mots allemands racontent

ISBN 978-2-7298-4839-2

www.editions-ellipses.fr

AVANT-PROPOS

C'est sans doute le diagnostic « manque de bases » qui motive le plus souvent le désir de « tout reprendre à zéro ». Mais il n'est pas besoin d'être menacé d'échec pour ressentir le besoin de mettre de l'ordre dans ses connaissances, d'être sûr de ses bases. Dans tout apprentissage, il arrive un moment où l'intuition fait place au doute, où de candides certitudes se transforment en questions inquiètes. C'est signe qu'il y a réflexion, et c'est donc plutôt bon signe. Ce qui est regrettable, c'est que trop d'élèves ou étudiants pensent alors qu'il est trop tard pour poser certaines questions et baissent les bras sous prétexte que, décidément, l'allemand est une langue « difficile ».

Le propos de ce livre n'est pas d'affirmer le contraire, mais d'opter pour une approche qui prend toujours la langue française comme point de départ et présente l'allemand dans une sorte de dialogue avec le français. Car en apprenant une autre langue, nous nous référons toujours (et forcément) à notre langue maternelle, même si nous n'en sommes pas toujours conscients. Et c'est parce que tout ce qui se passe dans notre langue maternelle nous semble évident et « normal » que toute langue autre nous apparaît d'emblée comme étant déroutante, donc « difficile ».

Or, chaque langue a sa logique, et entrer dans une « autre » logique non seulement peut devenir une aventure passionnante, mais peut en même temps nous faire prendre conscience de la logique de notre propre langue que souvent nous « connaissons » sans pouvoir dire comment elle fonctionne ni pourquoi elle fonctionne ainsi.

Ce qui vous est proposé ici, c'est une grammaire où l'on vous parle comme on le ferait lors d'un cours particulier. Une grammaire sérieuse sans être triste, solide sans être compacte, une grammaire qui invite à comprendre avant de demander d'apprendre.

Car comprendre n'est pas tout. Il faut aussi apprendre, c'est-à-dire mémoriser. Il ne suffira pas de trimballer ce petit livre dans votre cartable ou de l'emporter prendre l'air dans quelque lieu de vacances pour faire des progrès. Tout ce qui est de l'ordre du vocabulaire (et le genre des mots, les temps des verbes forts, le régime des verbes et des adjectifs, etc. en font partie intégrante) nécessite de la mémorisation, c'est-à-dire un travail personnel qu'aucun livre, même le plus gros et le plus savant, ne saurait faire à votre place. D'un autre côté, des connaissances lexicales ne sont utiles qui si elles peuvent s'inscrire dans la logique et les structures d'une langue : sa grammaire.

Comment travailler avec ce livre ?

- Vous pouvez commencer par le lire (oui, comme n'importe quel livre, par simple curiosité) et cocher les passages sur lesquels vous voulez revenir plus en détail.
- Vous pouvez le consulter ponctuellement pour tel ou tel point de grammaire qui vous pose problème. L'icône ➽ vous signale les points délicats (et éternels écueils, comme « wenn – als », « aimer – préférer », « erst – nur », « wo? – wohin? », etc.)
- Vous pouvez faire les exercices marqués de l'icône ⊷ et les adapter au vocabulaire de votre travail scolaire du moment.
- Vous pouvez consulter (et mémoriser), les tableaux de déclinaison et de conjugaison, les listes des verbes forts, des verbes et adjectifs à complément les plus fréquents, les adverbes de modalisation, en fin d'ouvrage.

Mais si je peux insister sur une chose : lisez absolument et en priorité les quelques pages de la Première Partie : « Le sens, c'est dans l'autre sens ». C'est la base des bases !

Voilà. Je vous souhaite une bonne lecture, ponctuée de nombreux « Ach so! »

W. L.

TABLE DES MATIÈRES

➻ *RÉPONSE RAPIDE À LA QUESTION :*

➾ *EXERCICES : « À VOS PLUMES ! »*

LE SENS, C'EST DANS L'AUTRE SENS
Introduction à la structure de la langue allemande

Les Allemands parlent à l'envers

LES ALLEMANDS PARLENT À L'ENVERS

Avant même d'entreprendre l'étude de la langue allemande, avant d'aller s'aventurer dans les dédales de ses conjugaisons, déclinaisons et autres labyrinthes syntaxiques, il faut savoir une chose, capitale : les Allemands, bien qu'écrivant de gauche à droite comme (presque) tout le monde, émettent des messages qui se déchiffrent de droite à gauche ! Cela veut dire que par rapport à la langue française (et la plupart des autres langues), le sens s'éclaire à rebours, à partir de la fin. Pour un Français, les Allemands parlent donc à l'envers (sans pour autant pratiquer le « verlan »), et les grammairiens appellent ce phénomène **la structure régressive de l'allemand**. C'est en effet une donnée fondamentale de cette langue : plus une chose est importante, attendue, décisive, et plus elle cherche à obtenir, dans une unité de sens ou dans la phrase, cette place convoitée entre toutes : la dernière !

Il s'agit là d'une manière de parler (de penser, d'être) qu'un Français ne peut pas comprendre, mais qu'il doit admettre d'entrée de jeu. Moyennant quoi, tout devient logique et clair. Car cette règle concerne aussi bien le mot composé et le groupe nominal que le groupe verbal, c'est-à-dire la structure de la phrase tout entière.

1 *LES MOTS COMPOSÉS*

L'allemand est connu pour ses mots composés, parfois interminables, et dont il faut savoir, pour commencer, que l'élément de base est toujours le dernier. Cela vaut aussi bien pour le substantif que pour l'adjectif et certains nombres.

LE SUBSTANTIF

Eine Haustür (maison-porte) est une porte, non une maison.
Der Autoschlüssel (voiture-clé) est la clé de la voiture.
Ein Kinderspielplatz (enfants-jeu-place) est une aire de jeu pour enfants.
Der Motorradschutzhelm (moteur-vélo-protection-casque) est le casque de protection pour motocyclette, autrement dit : le casque de moto.

Il est ainsi des mots qui peuvent prêter à confusion :

Der Hausherr (maison-maître) qui est le maître de la maison, alors que *das Herrenhaus* (maître-maison) est une maison de maîtres.

Nous voyons que le « comment » précède toujours le « quoi » ou, en langage approprié, que le (ou les) déterminant(s) précède(nt) toujours le déterminé. Autrement dit : **le détail, la nuance, la particularité précède toujours l'essentiel**.

Il est donc tout à fait logique que c'est le mot de base, le déterminé, qui donne le genre à l'ensemble :

*das Haus + die Tür = **die** Haustür*
*das Auto + der Schlüssel = **der** Autoschlüssel*
*die Kinder + das Spiel + der Platz = **der** Kinderspielplatz*

Il est tout aussi logique que seul le déterminé portera la marque du cas et du pluriel :

*die Haustür**en** ; des Autoschlüssel**s** ; die Kinderspielpl**ä**tz**e***

L'ADJECTIF

L'Allemand adore les adjectifs composés. C'est pour lui un moyen simple et efficace de renforcer et / ou de nuancer le terme de base :

himmelblau (ciel-bleu) : bleu-ciel
blitzschnell (éclair-vite) : rapide comme l'éclair
strohdumm (paille-bête) : bête à manger du foin, etc.

LES NOMBRES ENTRE 13 ET 99

C'est là que l'Allemand nous déconcerte le plus. Car il écrit les nombres comme tout le monde, mais les prononce « à l'envers », étant donné qu'il considère l'unité comme information secondaire par rapport à la dizaine. Il annonce donc d'abord l'unité, puis la dizaine. Ainsi

43 se prononce *dreiundvierzig* : trois-et-quarante,
78 *achtundsiebzig* : huit-et-soixante-dix (huit-et-septante)

Ce dernier nombre nous fait prendre conscience, d'ailleurs, qu'en français non plus les choses ne sont pas simples : passé le seuil des soixante, la langue bricole tant bien que mal pour arriver à cent...

2 *LE GROUPE NOMINAL*

Que ce soit pour l'adjectif épithète, le groupe qualificatif ou l'adverbe, nous restons toujours dans la même logique : le comment avant le quoi. Ainsi, « les chaussures rouges », quand elles passent de l'autre côté du Rhin (comme de la Manche, d'ailleurs), deviennent « les rouges chaussures », le « mur de Berlin » se change en « Berlinois Mur », et « l'article publié récemment » en « récemment publié article » :

die roten Schuhe	: les chaussures rouges
süßer schwarzer Kaffee	: du café noir sucré
die Berliner Mauer	: le mur de Berlin
ein schnell fahrendes Auto	: une voiture allant vite
der neulich veröffentlichte Artikel	: l'article publié récemment

On pourrait dire que la traduction vers le français se fait « en miroir », et si cela vous fait sourire, tant mieux pour vous ! Car les Allemands, quand ils apprennent votre belle langue, ne rigolent pas toujours. À leur règle de base, il n'y a aucune exception, aucune. C'est cela, la précision allemande. Alors que les Français mettent l'adjectif tantôt avant, tantôt après le nom (« la vieille dame », mais « les chaussures rouges »), quand ils ne s'amusent pas à attribuer deux sens différents à un même adjectif selon qu'il précède ou qu'il suit le nom : un « effort certain » n'est pas la même chose qu'un « certain effort » (vous en savez quelque chose), un « homme grand » n'est pas forcément un « grand homme », ni une « bonne femme » une « femme bonne ». Il ne viendrait cependant à l'idée d'aucun Français de considérer sa langue comme étant « difficile ». Il appelle sa pagaille « le génie de la langue » et vous cite fièrement la subtilité des « bonnes gens heureux » !

3 *LE GROUPE VERBAL*

Vous avez déjà remarqué que par rapport au français,

• **l'énoncé des infinitifs et des participes à complément** (nominal, verbal ou adverbial) se présente également à l'envers en allemand :

nach Berlin fahren	: aller à Berlin
bleiben wollen	: vouloir rester
zu spät ankommen	: arriver en retard
laut schreiend	: criant fort
schon lange reserviert	: réservé depuis longtemps

Chaque nouvel élément qui viendra préciser l'énoncé élargira donc le groupe vers la gauche (ce qui entraîne d'ailleurs un déplacement de la syllabe la plus accentuée du groupe, également vers la gauche. (voir aussi p. 21)

nach Berlin fahren	: aller à Berlin
mit dem Auto nach Berlin fahren	: aller à Berlin en voiture
jede Woche mit dem Auto nach Berlin fahren	: aller chaque semaine à Berlin en voiture

Les choses se compliquent légèrement quand nous abordons la question (importante entre toutes) de la place du verbe à l'intérieur d'une phrase, simple ou complexe.

4 LA PLACE DU VERBE DANS LA PHRASE

Comme le verbe est l'élément principal d'une phrase, la place du verbe fait en effet l'objet des règles les plus strictes. Toujours dans la même logique d'ailleurs : on garde le plus important pour la fin.

Mais voilà qu'une autre réglementation vient se mettre au travers de cette loi. Elle appelle « verbe » la partie conjuguée du groupe verbal, et dit :

• **Le verbe est à la première place** dans l'interrogative indépendante globale (une question à laquelle on peut répondre par « oui » ou par « non »), et à l'impératif.

Spielen die Kinder auf der Straße? : Les enfants jouent-ils dans la rue ?
Spielt doch nicht auf der Straße! : Ne jouez pas dans la rue, voyons !

Le groupe verbal ***auf der Straße spielen*** est donc « éclaté ».

• **Le verbe est à la deuxième place** dans l'énonciative indépendante et l'interrogative partielle (introduite par un interrogatif).

Die Kinder	***spielen***	*auf der Straße.*
Wo	***spielen***	*die Kinder?*
Um welche Zeit	***spielen***	*die Kinder auf der Straße?*

Cependant, à l'affirmative le premier élément de la phrase n'est pas obligatoirement le sujet. Ce peut être un complément, un adverbe, voire même une proposition subordonnée (dans ce cas — et dans ce cas seulement — le verbe de la proposition principale est précédé d'une virgule). Le sujet se place alors après le verbe :

Im Sommer	***spielen** die Kinder*	*draußen.*
Am liebsten	***spielen** sie*	*im Hof.*
Wenn es schön ist,	***spielen** die Kinder*	*im Hof.*

Encore une fois : lorsque nous parlons du « verbe à la deuxième place », cette règle ne concerne que la partie conjuguée du groupe verbal. Dès que cette deuxième place est occupée par un auxiliaire (de temps ou de mode), le verbe (porteur du message) s'empresse de rejoindre son groupe verbal pour y occuper cette « dernière place » que seul un esprit français trouve déshonorante.

Er	*wird sicher*	***zu spät kommen.***
Gestern	*hat Peter*	***eine gute Note bekommen.***
Peter	*möchte gern*	***nach Berlin fahren.***

Vous constatez qu'ainsi, le groupe verbal (gras) retrouve sa position « naturelle » : verbe à la fin, précédé de ses déterminants.

Et quand le verbe, faute d'auxiliaire, ne peut vraiment pas faire autrement qu'occuper la deuxième place de l'énoncé, il envoie au moins sa particule séparable (une invention bien allemande !) à la fin de la phrase. Comme cette particule peut changer le sens du verbe du tout au tout (*auf/machen* : ouvrir ; *zu/machen* : fermer ; *mit/bringen* : apporter ; *um/bringen* : tuer), le verbe en question se fait un malin plaisir de tenir son auditoire en haleine jusqu'à ce que le « fin mot » soit lâché.

En effet : une phrase qui commence par « *Rolf schlug Gisela...* » (Rolf frappa Gisela) ne finit pas forcément devant Monsieur le Juge ! Rolf peut aussi, tout à fait paisiblement, lui *vor/schlagen* quelque chose :

Rolf schlug Gisela trotz der späten Stunde vor, ins Kino zu gehen.
Malgré l'heure tardive, Rolf proposa à Gisela d'aller au cinéma.
(*Ach so!*)

Vous imaginez le stress d'un interprète allemand-français : il doit attendre la fin de la proposition pour avoir « son » verbe, traduire de mémoire et à rebours tout ce qui s'est dit pendant qu'il attendait, et rattraper l'orateur qui a déjà envoyé le premier élément du groupe verbal suivant !

On peut parfois en arriver à se demander comment, avec une langue pareille, les Allemands aient pu produire de grands poètes, de grands penseurs et de grands génies scientifiques... Mais méfiez-vous des jugements hâtifs et observez bien ceci :

Nächsten Freitag sind die Geschäfte ***den ganzen Tag geöffnet.***
Vendredi prochain, les magasins seront **ouverts toute la journée**.

Sie haben wegen dieses Unfalls ***den ganzen Abend gestritten.***
Ils se sont **disputés toute la soirée** à cause de cet accident.

Erst am nächsten Tag hat sie ihrem Freund ***die Wahrheit gesagt.***
Ce n'est que le lendemain qu'elle a **dit la vérité** à son ami.

Vous constatez que le noyau du message reste « groupé » comme en français. Sauf qu'il se présente toujours à l'envers, et se trouve toujours en fin de phrase. (On commence à le savoir !)

Mais j'entends déjà votre prochaine question, inquiète celle-là : Comment les Allemands s'en sortent-ils en cas de proposition subordonnée où il s'agit de gérer deux groupes verbaux ?

Eh bien, pour éviter les embouteillages, ils règlent la circulation au moyen d'une (seule) mesure supplémentaire :

• **Dans la proposition subordonnée, le verbe est toujours à la fin** (« verbe » = partie conjuguée du groupe verbal). Et nous voilà armés pour les deux cas de figure possibles :

– **La subordonnée précède la principale**. Elle est alors considérée comme premier élément de cette principale, et séparée d'elle par une virgule :

> *Wenn du rechtzeitig ankommen **willst**, **mußt** du dich beeilen.*
> Si tu veux arriver à temps, tu dois te dépêcher.

– **La principale précède la subordonnée**. Dans ce cas, tout se déroule normalement, il y a simple succession de deux propositions dont chacune a ses propres règles.

> *Du **mußt** dich beeilen, wenn du rechtzeitig ankommen **willst**.*

Voilà. Vous avez déjà amélioré votre moyenne d'allemand de trois à cinq points si vous avez admis et intégré cette logique propre à la langue allemande : elle énonce les unités de sens à l'envers (vu de ce côté-ci du Rhin), et garde le meilleur pour la fin.

D'aucuns prétendent d'ailleurs que cette manière de parler (et donc de penser) déteint même sur la manière d'être des Allemands. En effet : avez-vous déjà observé comment un Allemand — disons : une Allemande — procède devant une boîte de chocolats ? Elle choisit toujours le moins bon pour se garder le meilleur pour la fin. (Vous aussi ? Alors vous avez des dispositions particulières pour l'allemand !) Les Français (du moins ceux que je connais) choisissent toujours le meilleur, et chaque jour le meilleur, si bien que le dernier chocolat est encore le meilleur.

C'est peut-être cela, voyez-vous, la « culture » ou la « mentalité » de « l'autre » : cela tient à peu de chose, et pourtant, il nous semble parfois que cela change tout.

TOUT, vraiment ? C'est ce que nous allons voir dans les chapitres qui vont suivre où nous allons reprendre toutes ces question en détail. L'ordre des parties n'est évidemment pas hiérarchique : dans la pratique de la langue, tout est également important : le verbe, le nom, la structure de la phrase. Mais c'est comme pour un tableau où tout est présent en même temps : pour le décrire, il faut bien commencer par un bout.

N.B. : Il se peut que vous ayez entendu parler de ce qui divise actuellement les Allemands — enfin réunis pourtant ! — en deux camps ennemis : la fameuse « **réforme de l'orthographe** » de leur langue. De quoi s'agit-il ? Pour l'essentiel, d'une nouvelle manière de considérer la graphie ss / ß : Là où l'on avait une règle en partie mécanique (ss devient ß en fin de mot et devant une consonne : **essen – er aß – er ißt**), en partie phonétique (ß entre deux voyelles dont la première est longue : **grüßen, heißen**), on instaure une règle purement phonétique (ß seulement après une voyelle longue : **essen – er aß – er isst, grüßen, heißen**). Par ailleurs, la tendance est à la séparation (**radfahren > Rad fahren, wieviel? > wie viel?**) et à la germanisation des mots d'origine étrangère (**der Photograph > der Fotograf, Mayonnaise > Majonäse**). Il n'y a donc pas de quoi s'alarmer — on n'a pas touché à la majuscule des substantifs ! — et le label « nouvelle orthographe» semble plutôt un argument de vente que la preuve d'une véritable révolution. Nous laissons donc d'abord les Allemands se mettre d'accord et optons ici pour l'orthographe traditionnelle.

LE VERBE ET LE GROUPE VERBAL

I. REMARQUES GÉNÉRALES

1 *LE VERBE*

Quand un grammairien parle du verbe, il commence par faire toute une série de distinctions, histoire de mettre un peu d'ordre. Nous allons en faire autant, mais ce sera surtout pour souligner quelques différences essentielles entre le français et l'allemand.

LES FORMES DU VERBE

Ces formes sont dites simples (je sors, je portais, j'irai, je voudrais) ou composées (je suis venu, ...), personnelles (je vais, nous faisons...) ou impersonnelles (infinitif, participe présent, participe passé). Notons déjà quelques différences avec le français :

• **En allemand, le futur est un temps composé.**

ich werde gehen : j'irai

On peut cependant employer le présent de l'indicatif dès que l'idée de futur est exprimée par un autre élément de la phrase :

Der Zug fährt um 6 Uhr ab. : Le train partira à 6 heures.

• **Le conditionnel peut avoir une forme composée**, par exemple pour les verbes faibles et dans la langue parlée.

ich würde sagen : je dirais
Dann würde ich schon morgen abfahren. : Alors je partirais dès demain.

• **La forme impersonnelle est toujours placée en fin de proposition.** Ce qui fait que dans l'énonciative indépendante / principale, où le verbe doit obligatoirement occuper la deuxième place, le groupe verbal se trouve éclaté :

*Ich **habe** dir das schon gestern **gesagt**.* : Je te l'ai dit hier déjà.
*Er **wird** dir sicher **helfen**.* : Il t'aidera sûrement.

Ce même « éclatement » se produit lorsqu'un verbe à particule séparable est au présent ou au prétérit :

aus/gehen : sortir (en ville)
*Ich **gehe** heute abend **aus**.* : Je sors ce soir.
*Nein, heute abend **gehe** ich nicht **aus**!* : Non, ce soir, je ne sors pas !

LES CATÉGORIES DE VERBES

La grammaire française distingue entre verbes du premier, du deuxième et du troisième groupe (« aimer », « finir », « recevoir »). Les auxiliaires de temps sont « être » et « avoir ». La grammaire allemande distingue entre :

• **verbes forts** qui changent de voyelle du radical aux temps du passé, ont un prétérit particulier, font leur participe passé en *-en*, et peuvent présenter certaines irrégularités supplémentaires :

> *geben – gab – gegeben* (donner)
> *schreiben – schrieb – geschrieben* (écrire)
> *gehen – ging – gegangen* (aller)

• **verbes faibles réguliers** qui ne changent pas de voyelle du radical, ont leur prétérit particulier et font leur participe passé en *-t* :

> *lernen – lernte – gelernt* (apprendre)
> *arbeiten – arbeitete – gearbeitet* (travailler)

• **verbes faibles irréguliers** qui changent de voyelle du radical, mais dont le prétérit et le participe passé ont les désinences des verbes faibles, comme par exemple :

> *denken – dachte – gedacht* (penser)
> *kennen – kannte – gekannt* (connaître)

• L'allemand a non pas deux, mais **trois auxiliaires de temps** :

– Les temps composés du passé sont formés à l'aide des auxiliaires ***sein*** et ***haben***.
– Le futur, la voix passive, et parfois le conditionnel sont formés à l'aide de l'auxiliaire ***werden*** (voir chapitres respectifs).

> *Sie **ist** nach Wien **gefahren**.* : Elle est allée à Vienne.
> *Er **hat** den ganzen Tag **gearbeitet**.* : Il a travaillé toute la journée.
> *Ich **werde** dich nie **verstehen**.* : Je ne te comprendrai jamais.

• **Les verbes de modalité** sont une catégorie à part. Ce sont six verbes qui expriment en gros l'idée de pouvoir (*können*, *dürfen*), de vouloir (*wollen*, *mögen*), de devoir (*müssen*, *sollen*), et qui sont la plupart du temps associés à un infinitif (non précédé de *zu*). Les Allemands font un usage si fréquent de ces verbes qu'on en est arrivé à les appeler « auxiliaires de mode ». Ils permettent en effet, comme en français, de compléter ou de nuancer une information (« vouloir dire », « pouvoir faire », « devoir partir »), mais aussi (surtout ?) de placer le verbe principal en fin de proposition et de donner ainsi au groupe verbal sa structure « naturelle » :

> *Ich **muß** diesen Artikel unbedingt noch heute abend **abschicken**.*
> Je dois impérativement envoyer cet article encore ce soir.

LES TEMPS

Nous en comptons huit en français (présent, imparfait, passé simple, passé composé, plus-que-parfait, passé antérieur, futur simple, futur antérieur), alors qu'en allemand, il n'y en a que six. En effet : passé simple et imparfait français sont en allemand réunis en un même temps : **le prétérit**. De ce fait il n'y a pas de distinction entre passé antérieur et plus-que-parfait.

• Nous savons qu'en français, imparfait et passé simple servent en règle générale à faire la distinction entre répétition et fait unique, entre durée et événement ponctuel. En allemand, cette distinction est prise en charge par les seules conjonctions ***wenn*** et ***als***, et cela explique pourquoi il est si important de ne pas les confondre :

> ***Wenn** sie uns besuchte, brachte sie immer ein Geschenk mit.*
> Quand elle nous rendait visite, elle apportait toujours un cadeau.
> (*wenn = jedesmal wenn* : chaque fois que)
>
> ***Als** ich drei Jahre alt war, wohnten wir noch in Berlin.*
> Quand j'avais trois ans, nous habitions encore à Berlin.
> (*als* : au moment où, à l'époque où)
>
> *Ich schrieb gerade einen Brief, **als** das Telefon läutete.*
> J'étais en train d'écrire une lettre, lorsque le téléphone sonna.
> (une activité est interrompue par un événement ponctuel)

• **Prétérit** et **parfait** (passé composé) servent moins à faire la différence stricte entre l'inaccompli et l'accompli, qu'à différencier la langue écrite de la langue parlée. Surtout dans le Sud de l'Allemagne et en Autriche, on emploie presque exclusivement le passé composé, même à l'écrit. C'est alors un style, pas forcément familier, mais proche du parler.

LES MODES

Le français distingue comme l'allemand entre indicatif (il vient), impératif (viens !, venez !), conditionnel (il viendrait) et subjonctif (pourvu qu'il vienne). Mais il faut prêter une attention particulière à l'impératif allemand (voir p. 23, 34-35), et savoir qu'il n'existe pas de forme spécifique pour le conditionnel. L'Allemand se sert en effet du subjonctif II (formé à partir du prétérit) pour exprimer le mode conditionnel, et il emploie ce conditionnel aussi bien dans la proposition principale que dans la subordonnée (nous verrons cela en détail p. 67, 134) :

> *Wenn ich reich **wäre**, **würde** ich eine Weltreise machen.*

2 *LE GROUPE VERBAL*

On appelle « groupe verbal » le groupe qui contient le verbe. Il se peut que le verbe seul suffise à constituer ce groupe. Les énoncés « *Er spielt.* » (Il joue.) ou « *Petra schläft.* » (Petra dort.) sont des informations complètes. Mais le plus souvent, le verbe s'accompagne d'un **déterminant** qui lui donne un sens plus précis. Ce déterminant peut être une particule verbale, un adverbe, un nom, voire un groupe nominal.

• Lorsque, en allemand, on énonce ce groupe **à l'infinitif, le déterminant précède toujours le verbe**. Chaque déterminant supplémentaire élargit le groupe verbal vers sa gauche et déplace la syllabe la plus accentuée du groupe (nous soulignons cet accent fort) :

fahren	aller (en voiture, vélo, train...)
ab/fahren	partir (verbe à particule séparable)
in einer Stunde abfahren	partir dans une heure
schnell fahren	conduire vite
zu schnell fahren	conduire trop vite
viel zu schnell fahren	conduire beaucoup trop vite
schon wieder viel zu schnell fahren	conduire une fois de plus beaucoup trop vite
Auto fahren	conduire une voiture
nach Italien fahren	aller en Italie
jeden Sommer nach Italien fahren	aller chaque été en Italie

• Dans une **proposition indépendante** affirmative où le verbe doit occuper la deuxième place, le groupe verbal se scinde (aux temps non composés) :

*Der Zug **fährt** in einer Stunde **ab**.*
*Peter **fährt** schon wieder viel **zu schnell**.*
*Meine Oma **fuhr** jeden Sommer **nach Italien**.*

Vous comprenez maintenant la prédilection des Allemands pour les temps composés et pour les verbes de modalité : ils permettent au groupe verbal de retrouver sa structure naturelle (appelée « régressive »), verbe à la fin :

*Der Zug soll **in einer Stunde abfahren**.*
*Peter ist **schon wieder viel zu schnell gefahren**.*
*Meine Oma kann **nicht jeden Sommer nach Italien fahren**.*

• Dans la proposition subordonnée, où la partie conjuguée du verbe est obligatoirement (tout à fait) à la fin, cela donne ceci :

*Ich weiß, daß der Zug **in einer Stunde abfährt**.*
*daß Peter **zu schnell gefahren ist**.*
*daß Oma **nicht jeden Sommer nach Italien fahren kann**.*

➾ GROUPE VERBAL : DE L'INFINITIF À LA PHRASE

Voici quelques groupes verbaux élémentaires, énoncés à l'infinitif. Amusez-vous à en faire des phrases en ajoutant d'autres déterminants. Prononcez à haute voix sans oublier que l'accent (souligné) peut se déplacer en cas d'élargissement du groupe.

1. <u>fern</u>sehen	regarder la télévision
➾	
2. <u>steh</u>enbleiben	s'arrêter
➾	
3. <u>ein</u>kaufen gehen	aller faire des courses
➾	
4. <u>an</u>rufen	appeler (au téléphone)
➾	
5. <u>Au</u>to fahren	conduire une voiture
➾	
6. Mus<u>ik</u> hören	écouter de la musique
➾	
7. <u>falsch</u> singen	chanter faux
➾	
8. <u>gern</u> ausgehen	aimer sortir
➾	
9. <u>flei</u>ßig sein	être travailleur
➾	
10. die <u>bes</u>te Freundin bleiben	rester la meilleure amie
➾	
11. <u>Rock</u>sänger werden	devenir chanteur-rock
➾	
12. ins <u>Ki</u>no gehen	aller au cinéma
➾	
13. nach <u>Deu</u>tschland fahren	aller en Allemagne
➾	
14. zu <u>Hau</u>se bleiben	rester à la maison
➾	
15. auf die <u>Fe</u>rien warten	attendre les vacances
➾	
16. <u>zehn</u> Mark kosten	coûter dix marks
➾	
17. <u>drei</u> Tage dauern	durer trois jours
➾	
18. ein <u>Buch</u> lesen	lire un livre
➾	
19. <u>Bier</u> trinken	boire de la bière
➾	
20. einen <u>Brief</u> schreiben	écrire une lettre
➾	

II. LES VERBES AUXILIAIRES « SEIN » / « HABEN » / « WERDEN »

TABLEAU DE CONJUGAISON

	SEIN	HABEN	WERDEN
Indicatif présent	ich bin du bist er (sie, es*) ist wir sind ihr seid sie (Sie**) sind	ich habe du hast er (sie, es) hat wir haben ihr habt sie (Sie) haben	ich werde du wirst er (sie, es) wird wir werden ihr werdet sie (Sie) werden
* Trois genres à la 3e pers. du sg. (*er, sie, es*), un seul à la 3e pers. du pluriel (*sie*). ** *Sie* : forme de politesse, sg. et pl. (« vous » du vouvoiement)			
prétérit	ich war du warst er war wir waren ihr wart sie waren	ich hatte du hattest er hatte wir hatten ihr hattet sie hatten	ich wurde du wurdest er wurde wir wurden ihr wurdet sie wurden
parfait	ich bin gewesen (j'ai été)	ich habe gehabt (j'ai eu)	ich bin geworden (je suis devenu)
plus-que-parfait	ich war gewesen (j'avais été)	ich hatte gehabt (j'avais eu)	ich war geworden (j'étais devenu)
futur	ich werde sein (je serai)	ich werde haben (j'aurai)	ich werde werden (je deviendrai)
futur antérieur	ich werde gewesen sein (j'aurai été)	ich werde gehabt haben (j'aurai eu)	ich werde geworden sein (je serai devenu)
Impératif	sei! seien wir!* seid! seien Sie!*	habe! haben wir! habt! haben Sie!	werde! werden wir! werdet! werden Sie!
* Les formes verbales à la 1re personne du pluriel et à la forme de politesse étant identiques, le pronom personnel est maintenu. Il se place après le verbe : *Gehen wir!* : Partons ! *Werden Sie nicht böse, mein Herr!* : Ne vous fâchez pas, Monsieur !			

La dénomination « verbes auxiliaires » indique que *sein, haben* et *werden* sont des verbes, mais qu'ils remplissent aussi la fonction d'auxiliaires.

1 *VERBES*

Sein (être), ***haben*** (avoir) et ***werden*** (devenir) sont en effet d'abord des verbes à part entière. Certes, ***sein*** et ***werden*** se suffisent rarement à eux-mêmes, et il n'y a guère que les poètes et les penseurs pour énoncer :

> « *Sein oder nicht sein, das ist hier die Frage.* » : « Être ou ne pas être… »
> « *Ich denke, also bin ich.* » : « Je pense, donc je suis. »
> « *Stirb und werde!* » : « Meurs et deviens ! »

Cela ne nous dispense pas de nous y intéresser, au contraire.

• **Le verbe *sein*** est pratiquement toujours complété par un attribut (adjectif, nom ou groupe nominal). L'attribut du sujet est au nominatif ! L'adjectif attribut est invariable en allemand !

> *Herr X. ist der neue Arzt.* : Monsieur est le nouveau médecin.
> *Wir sind eine Gruppe von Schülern.* : Nous sommes un groupe d'élèves.
> *Dieser Baum ist schön.* : Cet arbre est beau.
> *Diese Blumen sind schön.* : Ces fleurs sont belles.

• **Le verbe *haben***, verbe transitif par excellence, apparaît toujours avec son complément à l'accusatif (nom, pronom, groupe nominal) :

> *Wer hat einen Bleistift?* : Qui a un crayon ?
> *Er hatte hohes Fieber.* : Il avait une forte fièvre.
> *Du hast Glück gehabt!* : Tu as eu de la chance !

Mais chaque langue a ses habitudes, et « avoir » n'est pas toujours traduit par « ***haben*** » :

> J'ai froid. : *Mir ist kalt.* ; J'ai dix ans. : *Ich bin zehn (Jahre alt).*

• **Le verbe *werden*** exprime l'idée de devenir. Il est généralement suivi d'un attribut du sujet, mais se rencontre dans une foule de tournures :

> *Er wurde krank.* : Il tomba malade.
> *Das Wasser wird zu Eis.* : L'eau se transforme en glace.
> *Es ist kalt geworden.* : Le temps s'est rafraîchi.

2 AUXILIAIRES DE TEMPS

Les temps composés du passé se forment à l'aide de l'auxiliaire *sein* ou *haben*, le futur, la voix passive et parfois le conditionnel ont recours à l'auxiliaire *werden*.

Leur emploi répond à des règles spécifiques à l'allemand :

- **L'auxiliaire *sein* s'emploie pour :**

– tous les verbes intransitifs de mouvement et de changement d'état :

Ich bin gegangen. : Je suis allé.
Ich bin gewachsen. : J'ai grandi.

– *sein* et *bleiben* (verbes intransitifs d'état, donc exceptions à la règle) :

Er ist gewesen. : Il a été.
Er ist geblieben. : Il est resté.

- **L'auxiliaire *haben* s'emploie pour :**

– les autres verbes (la plupart donc), dont, à l'inverse du français,
– tous les verbes réfléchis :

Wir haben gearbeitet, gegessen,... : Nous avons travaillé, mangé,...
Sie hat sich geirrt. : Elle s'est trompée.
Die Zeiten haben sich geändert. : Les temps ont changé. (vb. réfléchi)

- **L'auxiliaire *werden* sert à former :**

– le futur (présent de *werden* + infinitif)

Er wird sicher kommen. : Il viendra sûrement.

– le conditionnel (*würde* + infinitif d'un verbe faible)*

Ich würde dasselbe sagen : Je dirais la même chose.

– la voix passive (*werden* à tous les temps + participe passé)
Mais attention ! À la voix passive, le participe passé de l'auxiliaire *werden* n'est plus *geworden*, mais *worden.** :

Er wird von allen gelobt. : Il est félicité par tout le monde.
Er wurde in sein Zimmer getragen. : Il fut porté dans sa chambre.
Er ist nicht eingeladen worden. : Il n'a pas été invité.

* Pour le conditionnel (subjonctif II), ainsi que pour la voix passive, veuillez vous référer aux chapitres respectifs (p. 133 et p. 48).

III. LES VERBES DE MODALITÉ ET « WISSEN »

Ils sont au nombre de six et comptent parmi les verbes les plus employés en allemand. Comme ils s'associent presque toujours à un infinitif complément, on les appelle aussi « les auxiliaires de mode ».

1 SIGNIFICATIONS DE BASE

On peut, dans un premier temps, regrouper les verbes de modalité par deux, selon le sens large de « pouvoir », « devoir » et « vouloir » (faire) quelque chose :

können : pouvoir (être capable de, savoir faire)
dürfen : pouvoir (avoir le droit de, avoir l'autorisation de)
müssen : devoir (absolument, être obligé de, il faut que)
sollen : devoir (moral, ce qu'on devra ou devrait faire)
wollen : vouloir (avoir la volonté, la (ferme) intention de)
mögen : vouloir (désirer, « *ich möchte* » : je voudrais, j'aimerais)

2 LA CONJUGAISON

Elle est particulière, car ce sont des verbes dont

• **le présent** comporte des traces d'une histoire très ancienne. On suppose en effet que l'actuel singulier du présent est un ancien prétérit de verbe fort (il en a tout l'air), et c'est la raison pour laquelle on parle aussi de « verbes prétérito-présents ». Ils changent donc de voyelle du radical au singulier du présent, mais retrouvent au pluriel leur radical de l'infinitif. Les désinences sont les mêmes pour les six verbes :

können	ich kann - du kann - st er (sie, es) kann -	wir könn - en ihr könn - t sie könn - en Sie könn - en
Attention toutefois à l'orthographe traditionnelle de *müssen* : ich muß, du mußt, er muß, wir müssen, ihr müßt, sie müssen		

• **Le prétérit** se conjugue comme un verbe faible. Les voyelles du radical sont toutes **sans inflexion** :

können	ich konn - te du konn - test er (sie, es) konn - te	wir konn - ten ihr konn - tet sie konn - ten Sie konn - ten

• **Le parfait** (passé composé) est également formé comme celui d'un verbe faible, toujours avec l'auxiliaire *haben* et toujours sans inflexion. Mais il ne peut s'employer que lorsque le verbe de modalité n'est pas associé à un infinitif, c'est-à-dire quand il est verbe et non auxiliaire : *gekonnt, gewollt, gemußt, gemocht.*

L'emploi de ce parfait est si rare qu'il faut vraiment chercher pour trouver des exemples authentiques (qui ne sentent pas le manuel de grammaire). En voici tout de même deux :

Das habe ich nicht gewollt. Je n'ai pas voulu cela.
Ich habe ihn sehr gemocht. Je l'ai beaucoup aimé / apprécié.

• **Le futur** se forme normalement : auxiliaire *werden* + infinitif. Vous voyez donc que contrairement aux Anglais qui eux aussi ont eu des malheurs avec leurs verbes de modalité (appelés « verbes défectifs » parce que certains temps leur font « défaut ») et qui ont recours à des tournures de substitution (*he can – he could – he will be able to*), les Allemands, perfectionnistes incurables, ont fabriqué à partir des vestiges historiques des verbes (presque) réguliers et surtout : complets !

Er wird sicher nicht kommen können. : Il ne pourra sûrement pas venir.

• **Au conditionnel** (subjonctif II), les verbes de modalité retrouvent leur radical de l'infinitif : les verbes ayant une inflexion à l'infinitif, la reprennent au conditionnel. Pour les autres (*wollen, sollen*), il n'y aura pas de différence entre prétérit et conditionnel (*ich wollte ; ich sollte*). Mais contrairement à ce qui se passe pour les verbes faibles (même coïncidence), l'emploi de « l'auxiliaire du conditionnel » (*würde*) est interdit. Le sens (indicatif ou conditionnel) est donné par le contexte.

Ich **sollte** sie anrufen, aber ich habe es vergessen.
Je **devais** l'appeler, mais je l'ai oublié.
Ich sollte sie anrufen, aber ich will nicht.
Je **devrais** l'appeler, mais je ne veux pas.

TABLEAU RÉCAPITULATIF

infinitif	présent sg.	présent pl.	prétérit	conditionnel
können	ich kann	wir können	ich konnte	ich könnte
dürfen	ich darf	wir dürfen	ich durfte	ich dürfte
müssen	ich muß	wir müssen	ich mußte	ich müßte
sollen	ich soll	wir sollen	ich sollte	ich sollte
wollen	ich will	wir wollen	ich wollte	ich wollte
mögen	ich mag	wir mögen	ich mochte	ich möchte

3 *LA FONCTION D'AUXILIAIRE (DE MODE)*

Nous l'avons dit : les verbes de modalité sont aussi appelés « auxiliaires de mode » parce qu'ils introduisent presque toujours un verbe (ou un groupe verbal) à l'infinitif. Cet infinitif (jamais précédé de « *zu* » !) est placé en fin de proposition :

Ich ***muß*** *meine Aufgaben* ***machen.*** : Il faut que je fasse mes devoirs.
Hier ***darf*** *man nicht* ***parken.*** : On n'a pas le droit de stationner ici.
Möchtest *du mit mir ins Kino* ***gehen****?* : Aimerais-tu aller au cinéma avec moi ?

• **Le parfait** est alors tout à fait surprenant : le participe passé du verbe de modalité prend en effet ici une forme d'infinitif et suit son propre infinitif-complément.

C'est cela, la fameuse « **RÈGLE DU DOUBLE INFINITIF** » !!
Observez et comparez au français :

Ich habe gestern nicht ***kommen können.*** : Je n'ai pas **pu venir** hier.
Ich habe meine Aufgaben ***machen müssen.*** : J'ai **dû faire** mes devoirs.

• Vous avez le même « double infinitif » pour **le futur**, mais là, c'est dans l'ordre des choses, puisque le futur est formé par *werden* + infinitif :

Ich werde morgen nicht ***kommen können.***
Wirst du mit mir ins Kino ***gehen dürfen****?*

J'ajoute pour ceux qui n'ont pas encore le vertige que **dans la subordonnée, l'auxiliaire** ***haben*** (parfait) ou ***werden*** (futur) **précède ce double infinitif**. Observez :

Er hat nicht kommen können.
Il n'a pas pu venir. (indépendante)

Er bedauert, daß er nicht ***hat kommen können.***
Il regrette qu'il n'ait pas pu venir. (subordonnée)

Ich werde morgen nicht kommen können.
Je ne pourrai pas venir demain.

Sie denkt, daß sie morgen nicht ***wird*** *kommen können.*
Elle pense qu'elle ne pourra pas venir demain.

Avant de donner quelques exemples de la diversité des sens des verbes de modalité, regardons encore deux « couples » de ces verbes qui passent leur temps à nous tendre des pièges :

MÜSSEN – DÜRFEN

Prenons l'énoncé suivant : « Tu es malade, tu ne dois pas te lever ! Tu dois rester au lit ! » Si l'on se précipite (du genre : fastoche, « devoir » c'est *müssen*, on y va !) c'est fichu. Il faut être plus rusé et se dire :
müssen signifie « être obligé de », et *dürfen* « avoir le droit de ».

Ce qui donne :

Tu es malade, tu n'as pas le droit de te lever, tu es obligé de rester au lit !
Du bist krank, du darfst nicht aufstehen, du mußt im Bett bleiben!

Autre exemple : « C'est dimanche, tu peux ne pas te lever, tu peux rester au lit. » Transformons, puis traduisons :

C'est dimanche, tu n'es pas obligé de te lever, tu as le droit de rester au lit.
Es ist Sonntag, du mußt nicht aufstehen, du darfst im Bett bleiben.

Il y a donc une sorte de chassé-croisé :
- **la contrainte** : devoir / ne pas avoir le droit de : *müssen / nicht dürfen*
- **la liberté** : avoir le droit de/ ne pas être obligé : *dürfen / nicht müssen*

Élémentaire !!

MÜSSEN – SOLLEN

Le verbe *müssen* dit l'obligation, la contrainte, ce qu'il faut (faire) qu'on le veuille ou non. Le verbe *sollen* exprime un devoir moral, donc ce que l'on devra, devrait, aurait dû faire.

Jedes Kind muß in die Schule gehen.
Tout enfant doit aller à l'école.

Ich soll arbeiten, aber ich habe keine Lust.
Je dois / devrais travailler, mais je n'ai pas envie.

Sollen contient une notion de futur (l'anglais *I shall* est apparenté à *sollen*), de projet. Cela explique pourquoi le parfait (l'accompli) est toujours exprimé par *müssen* :

> *Sag mir, was ich tun soll.*
> Dis-moi ce que dois faire. / Dis-moi que faire.
>
> *Sein Rad war kaputt, er hat also den Bus nehmen müssen.*
> Son vélo était cassé, il a donc dû prendre le bus.

Attention à la négation : ***müssen ≠ nicht dürfen*** (voir plus haut)
sollen ≠ nicht sollen

> *Du mußt durchhalten! Du darfst nicht aufgeben!*
> Tu dois tenir le coup ! Tu ne dois pas abandonner !
> *Das hättest du nicht sagen sollen* : Tu n'aurais pas dû dire cela.

4 *TRADUIRE LES NUANCES*

Il est vrai que l'on peut, très grossièrement, regrouper les verbes de modalité selon les trois catégories de sens « pouvoir », « devoir », « vouloir », comme nous l'avons dit au début de ce chapitre. Mais en réalité, l'éventail de leurs significations, la richesse des nuances qu'ils permettent d'exprimer est fabuleuse, et leur traduction vers le français est un véritable exercice de style (donc un plaisir). Voici quelques exemples :

können

> *Sie kann weder tanzen noch singen.* : Elle ne sait ni danser ni chanter.
> *Ich kann das nicht bezahlen.* : Je suis dans l'impossibilité de payer cela.
> *Das kann man wohl sagen.* : C'est le cas de le dire.
> *Es könnte sein, daß er krank ist.* : Il se pourrait qu'il soit malade.
> *Ich kann dieses Paket nicht tragen.* : Je suis incapable de porter ce colis.

dürfen

> *Sie dürfen spielen, aber sie tun es nicht.* : Ils ont la permission de jouer, ...
> *So etwas darf man nicht sagen!* : On ne dit pas une chose pareille !
> *Man darf nicht vergessen, daß er sehr alt ist.* : Il ne faut pas oublier que...
> *Das darf nicht wahr sein!* : Ce n'est pas Dieu possible !
> *Das dürfte wohl stimmen.* : C'est sans doute exact / Cela se pourrait bien.

müssen

> *Sie müssen nicht kommen, wenn Sie nicht wollen.* : Vous n'êtez pas obligé...
> *Du mußt wissen, daß er dumm ist.* : Il faut que tu saches qu'il est bête.

Muß das sein? : Il le faut vraiment ? / Est-ce indispensable ?
Mein Auto muß repariert werden. : Ma voiture a besoin d'être réparée.
Das müßte man einmal versuchen. : Il faudrait un jour en faire l'essai.

sollen

Das sollten Sie doch wissen ! : Vous devriez pourtant savoir cela !
Er soll sehr reich sein. : **On le dit** très riche.
Ich weiß nicht mehr, was ich tun soll. : Je ne sais plus que faire.
Was soll das alles (bedeuten)? : Que signifie tout ceci ?
Du sollst nicht töten ! : Tu ne tueras point !

wollen

Weißt du eigentlich, was du willst? : Sais-tu seulement ce que tu veux ?
Warte, ich will ihn mal fragen. : Attends, je vais lui poser la question.
Das wollte ich eben auch sagen. : C'est ce que j'allais dire, moi aussi.
Er will das Geld gefunden haben. : **Il prétend** avoir trouvé cet argent.
Dieser Plan will mir nicht gefallen (plaire). : Ce projet ne me dit rien.

mögen

Ich mag keine weiße Schokolade. : Je n'aime pas le chocolat blanc.
Ich weiß, daß er mich nicht mag. : Je sais qu'il ne m'aime pas.
Ich mochte ihn gern. : Je l'ai bien aimé / apprécié.
Was möchten Sie bitte? : Que désirez-vous, Monsieur / Madame ?
Ich möchte noch sagen, daß... : Je voudrais encore dire que...

5 *LE CAS PARTICULIER DU VERBE « WISSEN »*

Le verbe ***wissen*** (savoir) est un faux parent de la famille des verbes de modalité ! Certes, il est lui aussi un prétérito-présent, mais cette ressemblance de conjuguaison ne doit pas nous induire en erreur.

	présent		
wissen	ich weiß	wir wissen	**prétérit** : ich wußte
	du wei**ßt**	ihr wißt	**condit.** : ich wüßte
	er (sie, es) weiß	sie (sie) wissen	**parfait** : ich habe gewußt

Voici ce qui différencie *wissen* des verbes de modalité :

• Le verbe ***wissen* n'a que très rarement un infinitif complément**. Cela ne nous surprend pas, puisque la notion de « savoir faire » est prise en charge par *können*. Comparez :

> *Ich **weiß** das natürlich!* : Je **sais** cela, évidemment !
> ***Kannst** du schifahren?* : Est-ce que tu **sais** skier ?

• Si vraiment il y a un infinitif complément, **l'infinitif est précédé de *zu*** :

> *Er weiß sich beliebt **zu machen**.* : Il sait (s'entend à) se faire apprécier.

• En revanche, *wissen* introduit souvent une subordonnée conjonctive ou une interrogative indirecte (qui, en allemand, est une subordonnée) :

> *Ich weiß, daß ich nichts weiß.* : Je sais que je ne sais rien.
> *Ich wußte nicht, daß er Franzose ist.* : Je ne savais pas qu'il est français.
> *Weißt du, wie man das macht?* : Sais-tu comment on fait cela ?
> *Wissen Sie, wo er wohnt?* : Savez-vous où il habite ?

IV. VERBES FORTS, FAIBLES, ET FAIBLES IRRÉGULIERS

1 LES VERBES FORTS

On appelle en allemand « verbes forts » les verbes qui changent de voyelle du radical aux temps du passé, ont un prétérit spécifique, et forment leur participe passé avec la désinence *-en* :

geben – gab – gegeben	*singen – sang – gesungen*
helfen – half – geholfen	*tragen – trug – getragen*

Ce sont des verbes très anciens, des verbes de base, ce qui veut dire qu'ils n'ont pas été formés sur le tard, à partir d'un adjectif ou d'un substantif, ni à partir d'un verbe d'une autre langue. Et si, à l'intérieur de leurs lois spécifiques, ils présentent quelques irrégularités, c'est que le temps (l'usure) a fait son travail. Regardez, en français, des verbes comme « aller », « prendre », « venir »... c'est la même chose.

Certaines grammaires regroupent les verbes forts selon leurs changement de voyelle (a – ie – a ; i – a – u ; etc.) et obtiennent ainsi sept séries (dites « apophoniques »), plus un groupe « hors série », sans compter les exceptions. Il n'est donc pas sûr que ce regroupement par séries (ou familles) simplifie beaucoup les choses pour celui qui doit apprendre ces verbes.

Prenons par exemple la série apophonique ei -i(e) -i(e) : Non seulement, le -i- peut être long (*schreiben – schrieb – geschrieben*) ou bref, (*schneiden – schnitt – geschnitten*), mais il y a toujours un trouble-fête. Ici un seul : *heißen* (*heißen – hieß – geheißen*).

Ce qui ne veut pas dire qu'il faille renoncer à toute règle ! En voici deux qu'il faut connaître (et appliquer) absolument :

• **Les verbes forts à radical en -a-** (*halten, fallen, tragen*) infléchissent ce -a- à la 2e et 3e personne du singulier présent :

ich halte – du hältst – er hält

Il va de soi que la diphtongue -au- suit la même règle :

*ich laufe – du läufst – er läuft**

*Pour la diphtongue -au-, l'inflexion est toujours sur le -a-, merci de le retenir !

Pas d'exception à cette règle, sinon que *hängen – hing – gehangen* (être suspendu) s'est paré de cette inflexion dès l'infinitif :

ich hänge – du hängst – er hängt – wir hängen – ihr hängt – sie hängen

• **Les verbes forts à radical en -e-** (*geben, sehen, lesen*) prennent -i(e)- à la 2e et 3e personne du singulier présent. Un -i- long s'écrit alors souvent -ie-, un -i bref entraîne presque toujours un dédoublement de la consonne :

ich gebe – du gibst – er gibt
ich sehe – du siehst – er sieht
ich nehme – du nimmst – er nimmt

Trois verbes à radical en -e- ne prennent pas de -i- du tout :

gehen (aller) : *ich gehe – du gehst – er geht*
stehen (être debout) : *ich stehe – du stehst – er steht*
heben (soulever) : *ich hebe – du hebst – er hebt*

• Remarques concernant l'impératif :

– Les verbes forts à radical en -e- maintiennent à l'impératif de la 2e personne du singulier les voyelles de l'indicatif présent :

du nimmst : *nimm!* ; *du liest* : *lies!* ; *du sprichst* : *sprich!*
du gehst : *geh!* ; *du stehst* : *steh!* ; *du hebst* : *heb!* (les trois exceptions)

– En revanche, les verbes forts à radical en -a- ou -au- n'ont jamais d'inflexion à l'impératif :

du hältst : *halt!* ; *du schläfst* : *schlaf!* ; *du läufst* : *lauf!*

• Ceci dit, libre à chacun de choisir sa méthode de mémorisation des verbes forts. La plus efficace est sans doute de **les apprendre un par un et à voix haute**, car l'oreille est un formidable aide-mémoire, vous ne l'ignorez pas. Cela crée des automatismes et libère la tête pour autre chose. Et si cela peut vous consoler : les petits Allemands aussi apprennent leurs verbes forts ! Personne ne naît avec un tableau de conjugaisons préenrégistré dans la tête, et les petits Français mettent également un certain temps — souvenez-vous ! — avant de « s'asseoir » de façon *grammatically correct.*

• Avant de passer au tableau des conjugaisons justement, **voici comment « lire » les indications du dictionnaire** (des manuels) :

Un bon dictionnaire vous donne

soit : *fahren* (*er fährt, fuhr, ist gefahren*)
soit : *fahren* (*fuhr, ist gefahren, er fährt*)

Dans les grammaires et manuels, vous trouvez

soit : *helfen* (*a,o,i*)   **fahren* (*u,a,ä*) (* = auxiliaire sein)
soit : *helfen,a,o*   *fahren,u,a* (*ist*)

Cette présentation permet certes de gagner de la place dans les listes de vocabulaire. Mais si je peux répéter mon conseil : apprenez les verbes forts au fur et à mesure des leçons et en prononçant toujours l'ensemble :

helfen – half – hat geholfen – er hilft ; fahren – fuhr – ist gefahren – er fährt

TABLEAU DE CONJUGAISON DES VERBES FORTS

	type **BLEIBEN**	type **GEBEN**	type **FAHREN**
Indicatif présent	ich bleibe du bleibst er (sie, es) bleibt wir bleiben ihr bleibt sie (Sie) bleiben	ich gebe du gibst er (sie, es) gibt wir geben ihr gebt sie (Sie) geben	ich fahre du fährst er (sie, es) fährt wir fahren ihr fahrt sie (Sie) fahren

P.S. : Pour les verbes dont le radical se termine par -s-, ß, ou -z-, tels que *les-en, lass-en, ess-en, heiß-en, sitz-en,* la 2e et la 3e personne du singulier ont une forme identique (on renonce en effet à un -s- supplémentaire) :

ich lese, ***du liest, er liest,*** *wir lesen, ihr lest, sie lesen* (lire)
ich heiße, ***du heißt, er heißt,*** *wir heißen, ihr heißt, sie heißen* (s'appeler)
ich esse, ***du ißt, er ißt,*** *wir essen, ihr eßt, sie essen* (manger)

prétérit	ich blieb du bliebst er blieb wir blieben ihr bliebt sie blieben	ich gab du gabst er gab wir gaben ihr gabt sie gaben	ich fuhr du fuhrst er fuhr wir fuhren ihr fuhrt sie fuhren
parfait	ich bin geblieben	ich habe gegeben	ich bin gefahren
plus-que-parfait	ich war geblieben	ich hatte gegeben	ich war gefahren
futur	ich werde bleiben	ich werde geben	ich werde fahren
futur antérieur	ich werde geblieben sein	gegeben haben	gefahren sein
Impératif	bleibe! bleiben wir! bleibt! bleiben Sie!	gib! geben wir! gebt! geben Sie!	fahr(e)! fahren wir! fahrt! fahren Sie!

P.S. : La présence du pronom personnel pour l'impératif de la 1re personne du pluriel et la forme de politesse est une nécessité, puisque les formes verbales sont identiques. Le pronom est toujours placé **après le verbe et sans trait d'union.**

Gehen wir jetzt! : Partons maintenant !
Kommen Sie doch bitte herein : Veuillez entrer (Monsieur, Madame)

Voyez la **liste des verbes forts les plus courants** en annexe, p. 147.

2 LES VERBES FAIBLES

À l'exception d'un groupe de huit verbes dits « faibles irréguliers » et du verbe *salzen* (saler), les verbes faibles sont réguliers (ou presque).

• **Qu'est-ce qui différencie les verbes faibles des verbes forts ?**

– Ils ne changent jamais de voyelle du radical :

geben	*gab*	*hat gegeben*	*er gibt* (verbe fort)
leben	*lebte*	*hat gelebt*	*er lebt* (verbe faible)

– Au prétérit, leurs désinences sont *-te, -test, -te, -ten, -tet, -ten* :

ich gab –	*ich hielt –*	*ich lief –* (verbe fort)
*ich glaub-**te***	*ich spiel-**te***	*ich grüß-**te*** (verbe faible)

– Le participe passé a toujours la terminaison *-t*. Comparez :

*er hat gegeb-**en***	*er ist gefall-**en***	*er hat geschrieb-**en*** (verbe fort)
*er hat geglaub-**t***	*er hat gespiel-**t***	*er hat gekauf-**t*** (verbe faible)

Seule exception : *salzen – salz-te – er hat gesalz-en* (saler : prétérit faible, participe passé fort. Dieu sait qui, un jour, a trouvé la soupe — ou la note — « fort » salée !)

• **Le participe passé des verbes en *-ieren*** (tous faibles) n'a pas de préfixe *ge-* : *telefonieren – er hat telefoniert.* Comparez :

nehmen (prendre)	*er hat genommen* (verbe fort)
leben (vivre)	*er hat gelebt* (verbe faible)
passieren (se passer)	*Was ist passiert?* (Que s'est-il passé ?)

Attention : *verlieren – verlor – hat verloren* (perdre) n'entre pas dans cette catégorie ! C'est un verbe fort à particule inséparable (cf. p. 40) bien allemand, alors que les autres verbes en *-ieren* sont des verbes d'emprunt (le plus souvent d'origine française, d'ailleurs).

• **Verbes faibles du type *antworten*** : Les verbes faibles réguliers mourraient d'ennui s'il n'y avait pas, tout de même, une petite fantaisie. Elle est d'ordre phonétique : même un Allemand ne saurait prononcer « *du rechnst* » ! D'où la règle : les verbes terminant leur radical par
– **t** : *antwort-en* (répondre), *wart-en* (attendre), *arbeit-en* (travailler),…
– **d** : *end-en* (se terminer), *blend-en* (aveugler),… ou

– plusieurs consonnes dont la dernière est -**n** ou -**m** : ***zeichn**-en* (dessiner), ***öffn**-en* (ouvrir), ***regn**-en* (pleuvoir), ***atm**-en* (respirer),...
intercalent un -e avant le -t de la désinence. Comparez :

mach-en	*du mach-st, er mach-t*	*ich mach-te*	*ich habe gemach-t*
wart-en	*du wart-est, er wart-et*	*ich wart-ete*	*ich habe gewart-et*

TABLEAU DE CONJUGAISON DES VERBES FAIBLES

	type **LERNEN**	type **ANTWORTEN**	type **ZEICHNEN**
Indicatif	ich lerne	ich antworte	ich zeichne
présent	du lernst	du antwortest	du zeichnest
	er lernt	er antwortet	er zeichnet
	wir lernen	wir antworten	wir zeichnen
	ihr lernt	ihr antwortet	ihr zeichnet
	sie lernen	sie antworten	sie zeichnen
prétérit	ich lernte	ich antwortete	ich zeichnete
	du lerntest	du antwortetest	du zeichnetest
	er lernte	er antwortete	er zeichnete
	wir lernten	wir antworteten	wir zeichneten
	ihr lerntet	ihr antwortetet	ihr zeichnetet
	sie lernten	sie antworteten	sie zeichneten
parfait	ich habe gelernt	ich habe geantwortet	ich habe gezeichnet
mais :	ich habe telefoniert	es ist passiert	er hat probiert (il a essayé)
Impératif	lerne*!	antworte!	zeichne!
	lernen wir!	antworten wir!	zeichnen wir!
	lernt!	antwortet!	zeichnet!
	lernen Sie!	antworten Sie!	zeichnen Sie!

* La présence du -e final est facultative. Elle dépend du mot qui suit, du rythme, un peu comme en français, le pronom impersonnel « on » est précédé de l' ou non (« tout ce qu'on apprend » / « la seule chose que l'on sache ») :

Lern fleißig! Lerne, mein Kind!
Travaille (apprends) bien ! Travaille, mon enfant !
Schlaf gut und träume süß!
Dors bien et fais de beaux rêves !

Voyez ce vers d'une berceuse de Mozart :

Schlafe mein Prinzchen, schlaf ein!
Dors, mon petit prince, endors-toi !

3 LES VERBES FAIBLES IRRÉGULIERS

Les verbes faibles irréguliers, appelés aussi « mixtes » ou « hors série », mangent aux deux râteliers : comme les verbes forts, ils changent de voyelle du radical au prétérit et au passé, mais prennent les terminaisons des verbes faibles.

Deux d'entre eux modifient (en plus !) leurs consonnes au passage :

denken – dachte – hat gedacht
bringen – brachte – hat gebracht

(Les anglicistes parmi vous auront remarqué la parenté entre ces deux verbes avec *think – thought – thougt* et *bring – brought – brought.*)

Deux autres de ces verbes, également irréguliers parmi les irréguliers, sont en passe de rejoindre la grande famille des verbes faibles réguliers :

senden – sandte / sendete – hat gesandt / hat gesendet
wenden – wandte / wendete – hat gewandt / hat gewendet

Fort heureusement, le nombre de ces hors-la-loi est limité : ils sont une poignée de huit, mais certains d'entre eux sont des verbes de première nécessité.

EN VOICI LA LISTE

brennen	brannte	hat gebrannt	brûler
bringen	brachte	hat gebracht	apporter
denken	dachte	hat gedacht	penser
kennen	kannte	hat gekannt	connaître
nennen	nannte	hat genannt	nommer
rennen	rannte	ist gerannt	courir
senden	sandte (sendete)	hat gesandt (gesendet)	envoyer
wenden	[wandte] wendete	hat [gewandt] gewendet	tourner

UN EXEMPLE DE CONJUGAISON

présent :	ich denke	wir denken	**prétérit** : ich dachte
	du denkst	ihr denkt	**parfait** : ich habe gedacht
	er denkt	sie denken	

V. LES VERBES À PARTICULE / LE RÉGIME DES VERBES

1 LES VERBES À PARTICULE

Comme le français, l'allemand augmente considérablement son stock de verbes au moyen de particules verbales ou préfixes. Ainsi, à partir de « prendre », le français forme « apprendre », « surprendre », « entreprendre », « s'éprendre », « se méprendre », comme l'allemand, à partir de ***kommen*** forme ***bekommen*** (recevoir), ***ankommen*** (arriver), ***entkommen*** (échapper), ***umkommen*** (périr), ***unterkommen*** (trouver un gîte), ***verkommen*** (tomber en déchéance), ***vorkommen*** (se produire), etc.

Seulement voilà : alors qu'en français, ces particules sont des « préfixes » (ce qui veut dire qu'elles sont soudées à leur verbe), l'allemand complique un peu les choses en distinguant entre :

– les particules inséparables (préfixes), toujours inaccentuées,
– les particules séparables, toujours accentuées,
– quelques particules mixtes, tantôt séparables, tantôt inséparables.

Pour les verbes formés à partir de ***kommen*** cités plus haut, il faudrait donc faire trois groupes. Nous soulignons la syllabe accentuée :

> ***bekommen – entkommen – verkommen*** (inséparables)
> ***ankommen – vorkommen*** (séparables)
> ***umkommen – unterkommen*** (mixtes, ici accentuées, donc séparables)

Pour un Allemand, aucun problème : il prononce, écoute, et sait.

Mais pour un Français, **comment savoir ?**

D'abord, les dictionnaires et manuels donnent une aide. Vous trouverez, pour les particules séparables, l'une de ces indications :

> ***an = kommen ; an/kommen ; ankommen ; ankommen.***

Par voie de conséquence, tous les autres « préverbes » sont inséparables.

LES PARTICULES INSÉPARABLES

Elles sont au nombre de huit, et on doit les savoir par cœur !

be-	*emp-*	*ent-*	*er-*	*ge-*	*miß-*	*ver-*	*zer-*

Un jeune ami vient de me rappeler que les élèves adorent retenir ces particules au moyen de la « phrase » française

« Cerbères gémissent en enfer », censée donner :
zer-, be-, er-, ge-, miß-, ent-, emp-, ver-

Soit. Mais je me demande sincèrement si ce n'est pas à ce genre d'acrobaties mnémotechniques que l'allemand doit sa réputation de langue impénétrable et barbare... (Oserai-je vous rappeler à ce propos que le savant « moyen mnémotechnique » français s'appelle en allemand très prosaïquement *Eselsbrücke*, « pont pour les ânes » ?) Passons.

Quel que soit l'ordre dans lequel vous retenez ces particules : déjà à la vue de cette liste, vous comprenez pourquoi elles ne se séparent jamais de leur verbe : elles n'ont aucune signification propre, et on les verrait mal se trouver toutes seules en fin de proposition ! (Encore que, reconsidérant les « cerbères » que je viens de citer, j'ai des doutes sur les scrupules de l'esprit français à produire une phrase « allemande » comme par exemple « *Er kommt den Brief be.* » !) Pour l'Allemand en tout cas,

• **les particules inséparables font toujours corps avec leur verbe de base** :

bekommen (recevoir) *Er bekommt eine gute Note.*
erzählen (raconter) *Er erzählte eine Geschichte.*

• **Le participe passé** de ces verbes **ne prend jamais *ge-*** Comparez :

kommen (venir) *Er **ist gestern gekommen**.*
bekommen (recevoir) *Er **hat** eine gute Note **bekommen**.*
zählen (compter) *Er **hat** sein Geld **gezählt**.*
erzählen (raconter) *Er **hat** eine Geschichte **erzählt**.*

Dans le cas d'un verbe comme *gefallen* (plaire) ou *gehören* (appartenir), le *ge-* n'est donc pas la marque du participe passé ! Comparons avec les verbes de base *fallen* (tomber) et *hören* (entendre).

*Er ist vom Baum **gefallen**.* : Il est tombé de l'arbre.
*Dieser Film hat mir sehr **gefallen**.* : Ce film m'a beaucoup plu.
*Hast du den Vogel **gehört**?* : As-tu entendu l'oiseau ?
*Dieses Buch hat mir nie **gehört**.* : Ce livre ne m'a jamais appartenu.

• Pour **l'infinitif-complément avec *zu*,** *zu* précède le verbe tout entier, sans y être rattaché :

Er hat versprochen, uns eine Geschichte zu erzählen.
Il a promis de nous raconter une histoire.

• Ces particules solidement mariées à leur verbe ne posent donc pas trop de problèmes de structure. Mais comme pour se venger de n'avoir aucun sens par elles-mêmes, elles **modifient le sens du verbe de base**, parfois du tout au tout. Il y a bien quelques constantes (ainsi *be-* rend souvent un verbe transitif direct (+A), *er-* dit un but atteint, *zer-* est plutôt destructeur, et *miß-* annonce toujours une mauvaise nouvelle).

antworten (répondre)	*einen Brief beantworten* (répondre à une lettre)
trinken (boire)	*ertrinken* (se noyer)
stören (déranger)	*zerstören* (détruire)
achten (estimer)	*mißachten* (mésestimer)

Mais rien n'est jamais sûr. La preuve :

kommen (venir)	*bekommen* (recevoir)
zählen (compter)	*erzählen* (raconter)

Il faut donc apprendre le sens exact et, comme nous le verrons bientôt, le régime de **chaque** verbe !

• **Le verbe de base garde évidemment sa conjugaison** de verbe fort, faible ou faible irrégulier.

LES PARTICULES SÉPARABLES

Les particules séparables, toujours accentuées (nous les soulignons), sont d'origine diverse (préposition, adverbe, adjectif, nom) et modifient en règle générale le sens du verbe de base en fonction de leur propre signification. Leur nombre, sans être illimité, ne saurait faire l'objet d'une « liste ». Voici quelques exemples :

gehen (aller)	*ausgehen* (sortir en ville / le soir)
	heimgehen (rentrer à la maison)
	spazierengehen (se promener)
	jemandem nachgehen (suivre quelqu'un)

• **La particule séparable pratique l'union libre**. Elle quitte son verbe dès que celui-ci est occupé ailleurs qu'en fin de proposition où elle s'installe d'office et attend qu'il veuille bien la rejoindre. Observez bien :

Meine Schwester geht jeden Abend aus. : Ma sœur sort tous les soirs.
Gehst du abends gern aus? : Est-ce que tu aimes sortir le soir ?
Wollt ihr heute abend ausgehen? : Voulez-vous sortir ce soir ?

• **Au participe passé**, le préfixe *ge-* est maintenu et s'intercale entre la particule et le verbe. Les trois éléments s'écrivent en un seul mot.

ankommen (arriver)	*Wir sind erst um 8 Uhr angekommen.*
aufmachen (ouvrir)	*Er hat das Fenster aufgemacht.*
mitbringen (apporter)	*Schau, ich habe dir Rosen mitgebracht.*

• La même chose se produit en cas d'**infinitif complément avec *zu*** :

Darf ich dich bitten, das Fenster aufzumachen?
Puis-je te prier d'ouvrir la fenêtre ?

Was für eine Idee, so spät noch auszugehen!
Quelle idée de sortir si tard !

LES PARTICULES MIXTES

Elles sont au nombre de cinq :

durch-	**über-**	**unter-**	**um-**	**wieder-**

Comment savoir s'ils sont séparables ou inséparables ? Je ne vois que deux solutions sûres :
– **écouter** si la particule est accentuée (donc séparable) ou non.
– **observer** son comportement à l'indicatif présent. C'est en effet au passé composé et à l'infinitif avec *zu* que les erreurs sont les plus fréquentes.

wiederholen (répéter)	*Ich wiederhole den Satz.* (inséparable)
wiederkommen (revenir)	*Kommst du bald wieder?*
unterschreiben (signer)	*Vater unterschreibt den Brief.* (inséparable)
untergehen (ici : se coucher)	*Die Sonne geht im Westen unter.*

➾ DE LA PHRASE À L'INFINITIF

Pour chercher le sens d'un verbe dans le dictionnaire, il faut savoir trouver son infinitif. Dans les phrases ci-après surlignez le verbe et sa particule, trouvez l'infinitif (+ temps des verbes forts), cherchez le sens du verbe, et soulignez la syllabe accentuée.
Exemple : Er lud mich öfters zum Abendessen ein.

➾ *einladen — lud ein — hat eingeladen* : inviter

1. Elke steht jeden Mogen um sechs Uhr auf.
➾ ....
2. Sie zieht sich immer erst nach dem Frühstück an.
➾ ....
3. Vergiß nicht, deine Mütze (bonnet) aufzusetzen!
➾ ....
4. Dieser Radfahrer hat ein Kind umgefahren.
➾ ....
5. Wir schreiben die Übung von der Tafel ab.
➾ ....
6. Peter hat wieder einmal nicht aufgepaßt.
➾ ....
7. Gib bitte auf deine kleine Schwester acht!
➾ ....
8. Sie erzählt eine Geschichte, aber keiner hört ihr zu.
➾ ....
9. Dein Zimmer ist schon wieder nicht aufgeräumt.
➾ ....
10. Wenn wir fertig sind, fangen wir nochmal an!
➾ ....
11. Wer möchte dieses Gedicht (poème) übersetzen?
➾ ....
12. Denken Sie bitte ganz genau nach, Herr Braun!
➾ ....
13. Dieser Roman hat mir sehr gut gefallen.
➾ ....
14. Gisela, mach bitte das Fenster auf!
➾ ....
15. Sehen Kinder wirklich viel zu viel fern?
➾ ....
16. Ach, jetzt hast du die schöne Vase umgeworfen!
➾ ....
17. Ich habe ihn fast nicht (à peine) erkannt.
➾ ....
18. Die Titanic ging im April 1912 unter.
➾ ....
19. Wir haben wunderschöne Ferien verbracht!
➾ ....
20. Peter? Der ist letztes Jahr umgezogen.
➾ ....

2 LE RÉGIME DES VERBES

On appelle « régime » (ou « rection ») des verbes le type de relation (grammaticale !) qu'un verbe établit entre le sujet et le complément (objet ou personne).

En français, ce complément peut être direct, indirect ou prépositionnel.

Pierre prend une pomme. (COD)	Il la prend.
Pierre ressemble à sa sœur. (COI)	Il lui ressemble.
Pierre donne la pomme à sa sœur. (COD+COI).	Il la lui donne.
Pierre se souvient des vacances. (préposition « de »)	Il s'en souvient.
Pierre pense souvent aux vacances. (préposition « à »)	Il y pense souvent.

Pour ce qui est de cette distinction, c'est la même chose en allemand. **Mais les régimes ne sont pas forcément les mêmes et les prépositions sont beaucoup plus nombreuses qu'en français**, sans compter que ces prépositions régissent à leur tour un cas (D ou A), et qu'un verbe peut avoir un régime prépositionnel en français, et régir l'accusatif en allemand, comme c'est le cas, par exemple, pour :

brauchen (+A) : avoir besoin de.

Une liste « complète » des verbes avec leur régime vous donnerait à coup sûr le vertige, surtout qu'il n'y a rien à « comprendre ». Allez savoir pourquoi l'Allemand dit : j'attends « sur » toi, je « lui » remercie, et pourquoi il tombe amoureux « dans » une jeune fille ! Vous trouverez tout de même une liste de première urgence à la fin de ce livre, mais je vous conseille vivement de **mémoriser les verbes et leur régime un à un**, si possible au jour le jour, c'est-à-dire au fur et à mesure que vous les rencontrez. C'est un investissement rentable, et je vais vous dire pourquoi :

• **Le verbe reste fidèle à sa préposition**. Cela veut dire qu'une fois qu'on « tient » une préposition, on peut s'en servir dans toutes les structures (démonstratives et interrogatives, adverbiales, relatives). Prenons l'exemple du verbe :

an** jemanden / etwas **denken : penser à qqn / qqch

*Woran **denkst du**?* : À quoi penses-tu ?
*Ich denke **an** die letzten Ferien.* : Je pense aux dernières vacances.
*Ich denke auch oft **daran**.* : Moi aussi, j'y pense souvent.
***An** wen **denkst du**?* : À qui penses-tu ?
***An** Peter. / **An** Katrin.* : À Pierre. / À Catherine.
*Ich denke auch **an** ihn / **an** sie.* : Moi aussi, je pense à lui / à elle.
*« Nikita » ist ein Film, **an** den ich oft **denke**.*
« Nikita » est un film auquel je pense souvent. (relative)

• **Un verbe peut avoir à la fois un régime prépositionnel et une particule séparable** (on ne se prive pas !). Ne les confondez pas :

von jemandem ab/hängen (dépendre de)

> *Das hängt nur von dir ab.*
> Cela ne dépend que de toi.
>
> *Aber von mir allein kann das doch nicht abhängen!*
> Mais cela ne peut tout de même pas ne dépendre que de moi !

über** jemanden / etwas **nach/denken (réfléchir à qqn / qqch)

> *Denk doch mal darüber nach!*
> Réfléchis-y, voyons !
>
> *Ich habe über dieses Problem schon nachgedacht.*
> J'ai déjà réfléchi à ce problème.

➾ *EXERCICE À L'ENVERS*

D'habitude, on vous donne verbe + régime à apprendre pour que vous fassiez des phrases. Pour une fois, inversons la chose. À partir des phrases, trouvez vous-même le verbe et son régime, puis mémorisez. Ne consultez l'annexe que pour vérifier après-coup. Voici deux exemples :

Der Text beginnt mit einer Frage. — commencer par

➾ *mit + D beginnen*

Antworten Sie bitte auf diese Frage! — répondre à

➾ *auf + A antworten*

1. Ich freue mich auf deinen Besuch. — se réjouir d'avance
   ➾ ....
2. Glaub einer alten Freundin! — croire qqn
   ➾ ....
3. Wer kümmert sich um die Kinder? — s'occuper de
   ➾ ....
4. Bei Null Grad wird Wasser zu Eis. — se transformer en
   ➾ ....
5. Ich danke dir für deinen Rat. — remercier qqn de qqch
   ➾ ....
6. Der Text besteht aus drei Teilen. — se composer de
   ➾ ....
7. Sie haben mich um Hilfe gebeten. — demander qqch à qqn
   ➾ ....
8. Ich will Ihnen gerne helfen. — aider qqn
   ➾ ....
9. Wovon träumst du denn? — rêver à
   ➾ ....
10. Ich fürchte mich vor diesem Hund. — avoir peur de
    ➾ ....
11. Gib bitte auf das Glas acht! — faire attention à
    ➾ ....
12. Da fragst du am besten den Lehrer. — poser une question à qqn
    ➾ ....
13. Wir gratulieren dir zum Erfolg! — féliciter qqn de qqch
    ➾ ....
14. Er braucht einen neuen Mantel. — avoir besoin de
    ➾ ....
15. Du sollst ihm nicht widersprechen. — contredire qqn
    ➾ ....
16. Ich hatte mich an das Tier gewöhnt. — s'habituer à
    ➾ ....

17. Wir haben über den Fall diskutiert.	discuter de
➾	
18. Ich habe mich über das Buch sehr gefreut!	se réjouir de
➾	
19. Wer will an dem Fest teilnehmen?	participer à
➾	
20. Diese Leute glauben an keinen Gott.	croire en
➾	
21. Wir haben eben von ihr gesprochen.	parler de qqn
➾	
22. Du kannst dich auf mich verlassen.	compter sur qqn
➾	
23. Füllen Sie das Glas mit Wasser!	remplir de
➾	
24. Hast du dich in das Mädchen verliebt?	tomber amoureux de
➾	
25. Warum lachst du über dieses Kind?	se moquer de
➾	
26. Wir mußten lange auf den Bus warten.	attendre qqch ou qqn
➾	
27. Erinnerst du dich noch an ihn?	se souvenir de qqn ou qqch
➾	
28. Um welches Lied handelt es sich?	s'agir de (impers.)
➾	
29. Du kannst mich nicht mit ihm vergleichen.	comparer à
➾	
30. Jeder Satz endet mit einem Punkt.	se terminer par
➾	

VI. LA VOIX PASSIVE

Que des jeunes — et moins jeunes — germanistes français aient souvent des problèmes avec la voix passive allemande vient d'abord du fait qu'un Français n'est pas constamment obligé d'être conscient qu'il emploie un passif, étant donné que l'auxiliaire de la voix passive et du passé composé de nombreux verbes est le même (« être »), alors qu'en allemand, **le passif se forme à l'aide de l'auxiliaire *werden*** (+ participe passé). Il faut donc être vigilant et « sentir » le passif (action subie par quelqu'un ou quelque chose, action exercée par un « acteur » impersonnel ou inconnu). Comparez :

Il **est** venu. : *Er ist gekommen.* (passé composé)
Il **est** puni. : *Er wird bestraft.* (voix passive)

1 *LES TEMPS*

	Voix active	Voix passive
Infinitif	bauen (construire)	gebaut werden (tjs groupé)
Participe passé	gebaut	gebaut worden (tjs groupé)
Présent	Man **baut** eine Brücke.	Eine Brücke **wird gebaut.**
Prétérit	Man **baute** eine Brücke.	Eine Brücke **wurde gebaut.**
Parfait	Man **hat** eine B. **gebaut.**	Eine B. **ist gebaut worden.**
Plus-que-parfait	Man **hatte** eine B. **gebaut.**	Eine B. **war gebaut worden.**
Futur	Man **wird** eine B. **bauen.**	Eine B. **wird gebaut werden.**
	Man **soll** eine B. **bauen.**	Eine B. **soll gebaut werden.**

COMMENTAIRE

• **L'infinitif, ainsi que le participe passé du passif est toujours groupé** (comme en français, mais à l'envers).

gebaut werden : être construit
gebaut worden (*sein**) : (avoir) été construit

* Rappelez-vous que l'auxiliaire de temps de *werden* est *sein!*

• On emploie **le présent** quand l'action est en train de se faire :

Mein Wagen wird repariert. : On est en train de réparer ma voiture.
Hier wird eine Schule gebaut. : Ici, on construit une école.

• On emploie **le passé** (prétérit ou parfait) quand l'action a eu lieu :

Gestern wurde mein Fahrrad gestohlen. : Hier, on a volé mon vélo.
Mein Fahrrad ist gestern gestohlen worden. : Mon vélo a été volé hier.

Observez bien la structure de la subordonnée :

Weißt du, daß mein Fahrrad gestern gestohlen wurde?
Weißt du, daß mein Fahrrad gestohlen worden ist?

P.S. : Il existe un cas de figure que les grammaires appellent « **passif-état** ». Il s'agit effectivement d'une action subie à un moment du passé, mais le résultat est devenu un état, le participe passé est devenu attribut du sujet, « être » n'est alors pas auxiliaire, mais verbe (*sein*). Observez :

Diese Stadt ist zerstört. Es ist eine zerstörte Stadt.
Cette ville est détruite. C'est une ville détruite.

• **Le futur** s'emploie quand l'action n'a pas encore eu lieu. Pour éviter une répétition de ***werden*** (auxiliaire du futur <u>et</u> du passif), les Allemands emploient un auxiliaire de mode (souvent ***sollen***) dès que c'est possible :

[Hier wird eine Schule gebaut werden.] : Ici on construira une école.
*Hier **soll** eine Schule **gebaut werden**.*
Mein Wagen muß repariert werden. : Ma voiture doit / devra être réparée.

Cet emploi de l'auxiliaire *sollen* pour exprimer l'idée du futur est particulièrement bien venu dans une subordonnée :

[Weißt du, daß hier eine Schule gebaut werden wird?]
Weißt du, daß hier eine Schule gebaut werden soll?
Sais-tu qu'on va construire une école ici ?

2 *EMPLOI*

• Les Allemands emploient beaucoup plus souvent le passif que les Français. Cela vient surtout du fait que le pronom impersonnel ***man*** (« on », tant employé en français) n'a pas exactement le même sens ni la même fréquence qu'en français. Ainsi, quand un Français dit :

« En Allemagne, **on boit** beaucoup de bière. », un Allemand dira :
« *In Deutschland **wird** viel Bier **getrunken**.* » (nous y reviendrons)

• La voix passive est donc employée dès qu'il est inutile (ou impossible) de préciser l'auteur de l'action. Si l'auteur est mentionné, il est introduit par **von +D (complément d'agent)**.

Mein Fahrrad wurde gestohlen! : Mon vélo a été volé ! (On a volé mon vélo !)
Von wem? : Par qui ?
Vielleicht von einem Nachbar? : Peut-être par un voisin ?
Ach wo! Es wurde sicher von einem Spaßvogel versteckt!
Mais non ! Il a sûrement été caché par un farçeur !

En dehors de ce genre de réponse précise, le passif avec complément d'agent est surtout employé quand « l'acteur » n'est pas une personne.

Der Baum wurde vom Sturm entwurzelt.
L'arbre a été déraciné par la tempête.

• En cas de **passif impersonnel** (le sujet de la voix active serait « on »), l'Allemand a deux possibilités :

– soit il commence la phrase par un adverbe ou un complément circonstantiel :

***Am Oktoberfest wird** viel getrunken und gelacht.*
À la fête de la bière de Munich, on boit et on rit beaucoup.

– soit (à défaut d'un tel « premier élément ») il commence la phrase par **le pronom « *es* »**, qui n'a d'autre fonction que de permettre à la partie conjuguée du groupe verbal (ici l'auxiliaire ***werden***) d'être à sa place, la deuxième (on commence à le savoir !)

***Es wurde** viel getrunken und gelacht.*
On a beaucoup bu et beaucoup ri.

Ce « ***es* explétif** » — simple figurant — disparaît dès qu'un complément ou adverbe se met en tête de phrase :

Hier wird viel getrunken und gelacht.
Ici, on boit et on rit beaucoup.

Le « *es* explétif » peut être très utile quand nous sommes en présence d'un verbe qui régit le datif. En effet :

• **Un complément au datif ne peut jamais devenir sujet du passif.** En français non plus, je ne peux pas dire : « je suis répondu » ou « je suis envoyé une lettre ». **Le datif reste un datif** ! Pour la voix passive de tels verbes, l'Allemand a de nouveau deux solutions :

– Il peut commencer la phrase par le pronom *es* :

***Es wurde ihm geantwortet,** daß er zur Polizei gehen soll.*
On lui a répondu (Il lui a été répondu) d'aller voir la police.

– Ou bien, il place le datif en tête de phrase :

> ***Meinem Freund wurde** überhaupt nicht **geantwortet**.*
> On n'a pas donné de réponse du tout à mon ami.

Il faut donc **faire très attention** aux verbes qui régissent l'accusatif (COD) en français, mais le datif en allemand, comme c'est le cas pour *helfen* (aider), *danken* (remercier), *folgen* (suivre), etc.

> *Man muß **diesem Mann** helfen.* : On doit / il faut aider cet homme.
> ***Diesem Mann** muß geholfen werden.* : Cet homme doit être aidé / secouru.

Les déjà forts-en-allemand savent désormais traduire :

> *Ihm wurde nicht geantwortet und auch nicht geholfen.* (*deux verbes + D*)
> On ne lui a pas répondu et on ne l'a pas non plus aidé.
> (deux régimes différents : Vous voyez que ce n'est pas forcément plus facile dans un sens que dans l'autre...)

• À ceux qui se demandent **comment un Allemand choisit de commencer la phrase par « *es* » ou par un complément**, je peux seulement dire que cela dépend de l'information sur laquelle il veut mettre l'accent. C'est cette information qui se trouvera (vous l'avez deviné) à la fin, juste avant le verbe.

> *Was ist denn hier los?* : Que se passe-t-il ici ?
> ***Hier wird eine Brücke gebaut**.* : On construit un pont. (réponse neutre)
>
> ***Was** wird gebaut?*
> *Es wird **eine Brücke** gebaut.*
> ***Was für eine Brücke** wird gebaut?*
> *Es wird **eine Brücke für Fußgänger** gebaut.*
> ***Wo** wird diese Brücke gebaut?*
> *Diese Brücke wird **hier** gebaut.*
> ***Vom wem** wird sie gebaut ?*
> *Sie wird **von einer Berliner Firma** gebaut.*

Dans un dialogue parlé (mais jamais dans les exercices de grammaire !), la réponse peut se limiter aux termes en caractères gras (qui, dans la phrase complète, sont les plus accentués).

➛ LE PRONOM IMPERSONNEL « MAN »

Nous l'avons dit : l'emploi de la voix passive est plus fréquente en allemand qu'en français. Cela s'explique en partie par le fait que le pronom impersonnel *man* n'a pas tout à fait le même sens que le « on » français (que l'on peut mettre à toutes les sauces). Le pronom *man* concerne un ensemble de personnes plus vaste, « les gens » en général, « tout le monde ». Et, contrairement au « on » français, il n'inclut pas le locuteur.

Wir haben viel gelacht.
On a (= nous avons) beaucoup ri.

Hier wird nicht geraucht
Ici, on ne fume pas ! (c'est interdit)

Man hat darüber gelacht.
Les gens en ont ri. (les autres, tout le monde)

Das sagt man nicht.
Cela ne se dit pas. (nullepart)

Man darf nicht vergessen, daß es in diesen Ländern kaum regnet.
Il ne faut pas (nul ne doit) oublier que dans ces pays-là, il ne pleut guère.
(Pour la déclinaison de *man*, voir p. 91)

3 EMPLOIS PARTICULIERS DU PASSIF

• Les Allemands se servent volontiers du passif pour **exprimer des ordres** émanant d'une autorité (anonyme) à laquelle il vaut mieux obéir :

Hier wird nicht geraucht! : Ici, on ne fume pas !
Jetzt wird gearbeitet! : Maintenant, on travaille !
Es wird alles aufgegessen! : On finit son assiette !

Cela peut aller si loin, que le participe passé seul suffit à exprimer l'ordre :

Aufgestanden! : Debout !
Stillgestanden! : On ne bouge plus !

• Ce « ton » est heureusement en train de se perdre. Mais ce genre de passif estropié n'est pas mort pour autant. Au contraire : c'est un « style » très apprécié par les journalistes en mal de **gros titres** (qui « frappent » : ce n'est pas par hasard que le titre d'un journal se dit *die Schlagzeile !*)

« *Steuern erhöht.* »	*Die Steuern wurden erhöht.* Augmentation des impôts.
« *Kind überfahren.* »	*Ein Kind wurde überfahren.* Un enfant a été écrasé.
« *Täter gesucht.* »	*Der Täter wird gesucht.* On cherche le criminel.

➽ CAS PARTICULIER DU PRONOM « ES »

En allemand, le pronom *es* peut avoir **trois fonctions** :

• *es* **pronom personnel neutre :** Il se décline en prenant les marques de l'article défini neutre ***das***.

> ***Das Kind spielt mit dem Hund.*** *:* ***Es*** *spielt mit dem Hund.*
> *Ich spreche mit* ***dem*** *Kind. : Ich spreche mit* ***ihm***.

• *es* **sujet impersonnel :** Il est toujours au N singulier, sujet d'un verbe au singulier. Il est placé soit en tête de proposition, soit aussitôt après le verbe, mais ce *es* est **toujours maintenu**.

> ***Es regnet.*** *Auch morgen wird* ***es*** *regnen.*
> Il pleut. Demain aussi il pleuvra.
>
> ***Es gibt*** *noch andere Beispiele. Natürlich gibt* ***es*** *noch andere Beispiele.*
> Il y a (évidemment) encore d'autres exemples.
>
> ***Es handelt sich*** *nur um Projekte. Hier handelt* ***es*** *sich nur um Projekte.*
> Il ne s'agit (là) que de projets.
>
> ***Es scheint*** *keine Fragen zu geben. Zur Zeit scheint* ***es*** *keine Fragen zu geben.*
> Il ne semble plus y avoir de questions (pour le moment).

• *es* « **explétif** » (explétif = « qui remplit », on pourrait dire « bouche-trou ») : Ce *es* est en tête de proposition ou n'est pas ! Sa fonction de « bouche-trou » est celle d'occuper la première place pour permettre au verbe d'occuper l'obligatoire deuxième. Deux cas de figure :

• *es* **sujet d'un passif impersonnel** : Simple figurant, il **disparaît** dès qu'un autre terme vient occuper la première place.

> ***Es wird*** *immer dasselbe gesagt.*
> ***Immer wird*** *dasselbe gesagt.*
> On dit toujours la même chose.
>
> ***Es wurde*** *damals viel darüber gesprochen.*
> ***Damals wurde*** *viel darüber gesprochen.*
> À l'époque, on en a beaucoup parlé.

• *es* **sujet apparent** : Ce *es*, égalemant explétif, est en réalité une mise en exergue du sujet réél (singulier ou pluriel) qui se trouve un peu plus loin, après le verbe (caractères gras).

*Es sitzt nur **ein Mann** im Bus.* (sujet : *ein Mann*)
Im Bus sitzt nur ein Mann. Nur ein Mann sitzt im Bus.
Il n'y a qu'un seul homme assis dans le bus.

*Es sitzen **viele Leute** im Bus.* (sujet : *viele Leute*)
Im Bus sitzen viele Leute.
Beaucoup de gens sont assis dans le bus.

*Es werden immer mehr **Zeitungen** gedruckt.*
Heute werden immer mehr Zeitungen gedruckt.
On imprime (aujourd'hui) de plus en plus de journaux.

*Es ist hier **die Rede** von Delphinen. Hier ist die Rede von Delphinen.*
Il est question (ici) de dauphins.

• Du coup, on peut comprendre pourquoi **l'interrogatif neutre *welches ?* est invariable**. Observez et comparez avec le français :

*Welches **ist der** höchste Berg? **Es ist** der Himalaya.*
Quel est le mont le plus haut ? C'est l'Himalaya.

*Welches **ist die** größte Stadt? Ich glaube, **es ist** Mexico-City.*
Quelle est la ville la plus grande ? Je crois que c'est Mexico-City.

*Welches **sind** deine Lieblingsfarben? **Es sind** die Farben türkis und violett.*
Quelles sont tes couleurs préférées ? Ce sont les couleurs turquoise et violet.

➸ COMMENT TRADUIRE « RÉUSSIR » ?

Il est vrai que « réussir » en allemand n'est — grammaticalement du moins — pas très simple. Si vous consultez un dictionnaire, vous trouverez :

– réussir : *gelingen* (*gelang, ist gelungen*) + D de la personne
– la réussite : *der Erfolg* (*-e*)

• Pour mettre ces informations en pratique, il faut savoir que :

– le sujet du verbe *gelingen* est soit le pronom *es*, soit une chose (un projet, un examen). **La personne qui réussit est toujours au datif.**

Es ist mir nicht gelungen, der beste zu sein.
Je n'ai pas réussi à être le meilleur.

Diese Zeichnung ist mir nicht gelungen.
Je n'ai pas réussi ce dessin.

Alles, was er unternimmt, gelingt ihm.
Tout ce qu'il entreprend, il le réussit (« lui réussit » n'aurait pas exactement le même sens, mais serait la structure équivalente).

– le pronom *es* représente la chose réussie, et il faut que « ce que l'on a réussi » soit indiqué par le contexte.

Ich wollte über den See schwimmen und es ist mir gelungen.
J'ai voulu traverser le lac à la nage et j'(y) ai réussi.

• Si l'objet de la réussite est plus vaste ou non nommé, on doit passer à une autre famille de mots :

– *Erfolg haben* : réussir, avoir du succès
– *erfolgreich sein* : réussir, avoir du succès (litt. « être riche en succès »)

Er hat im Leben Erfolg gehabt. : Il a réussi dans la vie.
Dieser junge Maler hat Erfolg. : Ce jeune peintre réussit (a du succès).
Es ist ein erfolgreicher Maler. : C'est un peintre qui réussit (qui a du succès).

On ne peut donc pas dire « *Es ist ihm gelungen* » (« Il a réussi ») si l'on ne sait pas en quoi consiste cette réussite. *Alles klar* ?

➠ *INFORMATION OU ORDRE ?*

Ce qui va suivre est un extrait d'une « ***Schulordnung*** », d'un règlement intérieur d'école. Il s'agit tantôt d'informer, tantôt de donner un ordre. Commencez par souligner le groupe verbal, traduisez (en observant les différences de structures allemande et française), mettez un point d'exclamation aux phrases qui donnent un ordre.

1. Das Schulgebäude (le bâtiment scolaire) wird zehn Minuten vor Unterrichtsbeginn (début des cours) geöffnet.

➠ ....

2. Die Fahrräder dürfen nur an dem dafür vorgesehenen (prévue) Platz abgestellt werden.

➠ ....

3. Verspätungen (retards) haben noch vor Betreten des Klassenzimmers der Schulleitung gemeldet (signalé) zu werden.

➠ ....

4. Raumänderungen (changements de salle) werden am schwarzen Brett (tableau d'affichage) bekanntgegeben.

➠ ....

5. Ist die Klasse zehn Minuten nach Unterrichtsbeginn ohne Lehrer, muß die Schulleitung (direction) informiert werden.

➠ ....

6. Am Ende der letzten Stunde werden die Stühle (chaises) auf die Tische gestellt.

➠ ....

7. Das Klassenzimmer wird erst verlassen (quitté), wenn nichts mehr auf dem Boden (sol) herumliegt.

➠ ....

8. Fundgegenstände (objets trouvés) werden sofort dem Schulwart (concierge) übergeben.

➠ ....

9. Schülern, die im Schulbus nach Hause fahren, wird ein Warteraum (salle d'attente) zur Verfügung gestellt (mise à disposition).

➠ ....

10. In den Schulbussen sollen besonders für Schulanfänger und jüngere Schüler Plätze freigemacht werden.

➠ ....

VII. FORMES IMPERSONNELLES DU VERBE

(infinitif, participe présent, participe passé)

1 *LE GROUPE INFINITIF*

Commençons par la définition : le groupe infinitif est un groupe verbal dont le verbe est à l'infinitif (*Ach so?!*).

Dans une phrase, le « sujet » de ce verbe à l'infinitif est implicitement le même* que celui du verbe dont il dépend :

Il espère pouvoir venir. = **Il** espère qu'**il** pourra venir.

* Très exceptionnellement, le sujet implicite de l'infinitif peut être l'objet du verbe précédent. Il s'agit alors d'un raccourci, d'une sorte d'ellipse :

Je demande à Paul de m'aider = **Je** demande à Paul qu'**il** m'aide.

• L'infinitif est généralement (mais pas forcément) précédé d'une préposition. C'est le verbe dont dépend le groupe infinitif qui en « décide ». Mais présence ou absence de cette préposition répondent à des règles propres à chaque langue.

En français, si l'infinitif est précédé d'une préposition, elle est (sauf exception) soit « **de** », soit « **à** » :

J'ai oublié **de** faire mon exercice !
Je commence enfin à comprendre !
Nous pouvons commencer dès maintenant. (pas de préposition)

En allemand, si l'infinitif est précédé d'une préposition, **cette préposition est toujours « *zu* »** :

*Ich habe vergessen, meine Übung **zu** machen!*
*Ich beginne endlich **zu** verstehen!*
Wir können schon jetzt anfangen. (infinitif sans « ***zu*** »)

• Le groupe infinitif peut être un simple infinitif complément (d'un autre verbe, d'un nom ou d'un adjectif) :

Er versucht zu verstehen. : Il essaye de comprendre.
*Er versucht aufzustehen**. : Il essaye de se lever.
Er hatte das Glück zu überleben. : Il eut la chance de survivre.
(* ***zu*** s'intercale entre la particule séparable et l'infinitif)

En règle générale, ce simple infinitif complément n'est pas précédé d'une virgule (sauf pour des raisons de style et / ou d'insistance).

• Dès que le groupe infinitif s'élargit (d'un adverbe ou d'un complément), il est obligatoirement séparé du reste de la phrase par une **virgule** :

Er versucht, diesen Satz zu verstehen. : Il essaye de comprendre cette phrase.
Ich hoffe, das Examen zu überleben! : J'espère survivre à cet examen !
Es ist schwer, um 6 Uhr aufzustehen. : Il est difficile de se lever à 6 heures.

Mais voici l'inévitable **exception** à la règle : il n'y a pas de virgule avant les groupes infinitifs qui dépendent de : *sein*, *es gibt*, *haben* et *scheinen* :

Was ist auf diesem Foto zu sehen? : Que peut-on voir sur cette photo ?
Da gibt es nichts zu verstehen. : Il n'y a rien à comprendre.
Ich habe meine Aufgaben zu machen. : J'ai à faire mes devoirs.
Er scheint keine Angst zu haben. : Il n'a pas l'air d'avoir peur.

(De la grammaire, la virgule ? De la métaphysique !)

L'INFINITIF SANS « ZU »

Nous venons de voir qu'en français comme en allemand, l'infinitif complément peut être précédé ou non par une préposition. Mais bien évidemment, les usages ne se recoupent pas ! J'ose dire toutefois que c'est plus simple en allemand :

• **Sont toujours suivis d'un infinitif sans « *zu* »**

– les six verbes de modalité (voir p. 26) :

Er kann noch nicht schwimmen. : Il ne sait pas encore nager.
Ich möchte mir einen Pulli kaufen. : Je voudrais m'acheter un pull.
Du mußt das ja nicht machen! : Tu n'es pas obligé de faire cela !

– les verbes suivants :

lassen : *Ich lasse mir die Haare schneiden.* : Je me fais couper les cheveux.
hören : *Hörst du das Auto hupen?* : Entends-tu claxonner la voiture ?
sehen : *Ja, ich sehe ihn kommen.* : Oui, je le vois arriver.
lernen : *Er lernt jetzt Klavier spielen.* : Il apprend à jouer du piano.
helfen : *Hilf mir bitte das Paket tragen!* : Aide-moi à porter ce colis !

Aux temps composés, **la règle du double infinitif** (voir p. 28) vaut pour les deux groupes que je viens de citer :

Du wirst ihn sicher kommen sehen : Tu le verras sûrement venir.
Er hat nicht antworten können. : Il n'a pas su répondre.
Ich habe mir die Haare schneiden lassen. : Je me suis fait couper les cheveux.

• **Tous les autres verbes sont suivis d'un groupe infinitif avec « *zu* » !**

Je répète donc qu'il ne faut pas se référer au français. Voici quelques exemples parmi les verbes le plus fréquemment employés, suivis d'un : **infinitif sans préposition en français, avec « *zu* » en allemand** :

sembler : Il semble être malade. : *Er scheint krank zu sein.*
prétendre : Il prétend dire la vérité : *Er behauptet, die Wahrheit zu sagen.*
espérer : J'espère revenir bientôt. : *Ich hoffe, bald wiederzukommen.*
croire : Crois-tu pouvoir venir ? : *Glaubst du kommen zu können?*
penser : Je pense avoir fini bientôt. : *Ich denke, bald fertig zu sein.*
désirer : Je ne désire pas le voir ! : *Ich wünsche ihn nicht zu sehen!*
oser : Je n'ose me l'imaginer ! : *Ich wage nicht, mir das vorzustellen!*

• Pour la proposition infinitive voir Quatrième Partie, p. 132.

➽ *LE CAS PARTICULIER DU VERBE « BRAUCHEN »*

Jetons encore un coup d'œil sur le verbe *brauchen* (avoir besoin de), et rappellons pour commencer que le complément d'objet de *brauchen* est toujours à l'accusatif :

Ich brauche einen neuen Füller.
J'ai besoin d'un nouveau stylo.

Das ist genau der Füller, den ich brauche.
C'est exactement le stylo dont j'ai besoin.

• Le verbe *brauchen* peut être **suivi d'un infinitif avec « *zu* »**, et les Allemands s'en servent énormément. Mais seulement **à la forme négative** (*nicht, kein* : pas, pas de) **ou restrictive** (*nur, erst* : seulement, ne... que). Je ne saurais vous dire pourquoi.

Du brauchst nicht zu kommen!
Tu n'as pas besoin de venir ! (ce n'est pas nécessaire)

Du brauchst keine Blumen zu kaufen.
Tu n'a pas besoin d'acheter des fleurs. (ce n'est pas la peine)

Du brauchst nur anzurufen.
Il te suffit de téléphoner. (Tu n'as qu'à téléphoner.)

Du brauchst erst um 8 Uhr da zu sein.
Tu n'as pas besoin d'être là avant 8 heures. (Il suffit que tu sois là à 8h.)

• **À la forme affirmative**, il faut obligatoirement faire la transformation suivante :

J'ai besoin d'aller en ville = Je dois (impérativement) aller en ville :
Ich muß (unbedingt) in die Stadt gehen.

As-tu vraiment besoin de toujours tout critiquer ? = Dois-tu vraiment... ?
Mußt du wirklich immer alles kritisieren?

2 LE PARTICIPE PRÉSENT

SA FORME

En allemand, le participe présent se forme en ajoutant *-d* à l'infinitif :
laufen + d = ***laufend*** *; spielen + d =* ***spielend***

SON EMPLOI

À la différence du français, le participe présent allemand remplit

• **surtout** la fonction d'adjectif épithète (jamais d'adjectif attribut !) :

Ein spielendes Kind. : Un enfant en train de jouer / qui joue.
Die lachenden Zuschauer. : Les spectateurs qui rient.

• **souvent** la fonction d'adverbe :

Die Leute gingen singend durch die Straßen.
Les gens passaient dans les rues en chantant.

• **pratiquement jamais** celle de gérondif ou de groupe participial ayant valeur de subordonnée. Pour traduire vers l'allemand, **il faut transformer** d'abord :

Il fait son travail **tout en fumant** sa pipe. (> et il fume en même temps sa pipe)
Er macht seine Arbeit ***und raucht dabei*** *seine Pfeife.*

Les gens **possédant** un château sont riches. (> les gens qui possèdent...)
Die Leute, ***die*** *ein Schloß* ***besitzen****, sind reich.* (proposition relative)

Se sentant en danger, il appela au secours. (> Comme il se sentait...,)
Da er *sich in Gefahr* fühlte, *rief er um Hilfe.* (proposition conjonctive)

* On peut certes traduire également par un groupe qualificatif (épithète, donc placé avant le nom), mais c'est une structure de haute voltige :

Die ein Schloß besitzenden Leute sind reich. (dans ce cas, pas de virgule)

3 LE PARTICIPE PASSÉ

SA FORME

Le participe passé n'a pas toujours la même forme.

• Le participe passé des **verbes forts** : *ge* + radical du parfait + *en* :

schreiben : *ge-schrieb-en* ; *helfen* : *ge-holf-en* ; *singen* : *ge-sung-en*

• Le participe passé des **verbes faibles** : *ge* + radical + *(e)t* :

machen : *ge-mach-t* ; *lernen* : *ge-lern-t* ; *antworten* : *ge-antwort-et*

• Les **verbes à particule inséparable** (forts ou faibles) et les **verbes en -ieren** ne prennent jamais le préfixe *ge-* :

beschreiben : *beschrieb-en* ; *erzählen* : *erzähl-t* ; *passieren* : *passier-t*

SON EMPLOI

• Quand il n'est pas partie constituante du parfait (*er hat erzählt*), le participe passé fait fonction d'**adjectif attribut ou épithète**.

Diese Pastete ***ist hausgemacht***.
Ce pâté est fait maison. (attribut)

Hausgemachte *Pasteten schmecken besser als* ***gekaufte*** (*Pasteten*). (épithète)
Les pâtés faits maison ont meilleur goût que celles que l'on achète (que les achetés).

• Dans la langue courante, **le groupe participial est rare**. Pour traduire un groupe participial français vers l'allemand, il faut d'abord le transformer en une proposition subordonnée :

Les personnes **arrivées** avant 18 h peuvent rester. (> **qui sont** arrivées...)
Die Personen, ***die*** *vor18 Uhr* ***angekommen sind****, dürfen bleiben.*

Arrivée à la gare, elle vit que le train était parti. (> **lorsqu'elle** arriva)
Als *sie am Bahnhof* ***ankam****, sah sie, daß der Zug abgefahren war.*

Arrivée avant les autres, elle eut la meilleure place. (> **Comme elle** était...)
Da *sie vor den anderen* ***gekommen war****, hatte sie den besten Platz.*

➤➤ *CAS PARTICULIER DES « VERBES DE POSITION »*

Ce sont quatre verbes (forts) qui méritent votre attention. Les voici :

liegen – lag – hat gelegen – er liegt : être couché, être posé
hängen – hing – hat gehangen – er hängt : être suspendu
sitzen – saß - hat gesessen – er sitzt : être assis
stehen – stand – hat gestanden – er steht : être debout.

Eux seuls donnent parfois lieu à des **propositions participiales**, mais il faut un brin de logique pour **ne pas se faire piéger** :

sitzen = être assis — *sitzend* = (étant) assis = participe présent !
Il faut donc mentalement transformer quand vous voulez dire :

Couchée sur le tapis, elle pouvait téléphoner pendant des heures.>
Étant couchée sur le tapis,...
*Auf dem Teppich **liegend***, konnte sie stundenlang telefonieren.*

Assise à sa fenêtre, elle observait les gens dans la rue. > Étant assise...
*An ihrem Fenster **sitzend** *, beobachtete sie die Leute auf der Straße.*

*Remarquez que **le participe est toujours à la fin** du groupe participial !

P.S. : Rappelons pour éviter toute confusion que LES VERBES FACTITIFS (« qui disent l'action ») correspondants sont les quatre verbes (faibles) :

legen – legte – hat gelegt : poser à plat, coucher
hängen – hängte – hat gehängt : suspendre
(*sich*) *setzen – setzte – hat gesetzt* : (s')asseoir
stellen – stellte – hat gestellt : poser / mettre debout

Ces deux groupes de « cousins germains » sont souvent cités lorsqu'il s'agit de distinguer entre locatif (datif) et directif (accusatif) après des prépositions mixtes.

*Sie legt sich **auf den** Teppich.* (verbe factitif : accusatif)
*Sie liegt **auf dem** Teppich.* (verbe de position : datif)

Nous voyons cela plus en détail dans un autre chapitre (p. 82).

VIII. SUBJONCTIF ET CONDITIONNEL

L'allemand a deux subjonctifs que l'on nomme « subjonctif I » et « subjonctif II ». Chacun a trois temps : un présent, un (seul !) passé, un futur. Avant de soupirer, lisez et voyez la simplicité de la conjugaison.

1 LE SUBJONCTIF I

Le **subjonctif I** est essentiellement le mode du **souhait** et du **discours indirect**.

Le **subjonctif II** est le mode du **conditionnel**, du **souhait** et du **regret**.

Comparés aux acrobaties du subjonctif français, la **conjugaison** du subjonctif allemand **est d'une simplicité déconcertante** !

LA CONJUGAISON

Le présent du subjonctif I se forme à partir du **radical de l'infinitif** auquel on ajoute : ***-e, -est, -e, -en, -et, -en.***

Seul le présent est à retenir, passé et futur étant des temps composés. Il n'y a jamais de changement de voyelle.

SEIN	HABEN-	WERDEN	GEBEN	LERNEN	KÖNNEN
ich sei*	ich habe	ich werde	ich gebe	ich lerne	ich könne
du seist	du habest	du werdest	du gebest	du lernest	du könnest
er sei	er habe	er werde	er gebe	er lerne	er könne
wir seien	wir haben	wir werden	wir geben	wir lernen	wir können
ihr seiet	ihr habet	ihr werdet	ihr gebet	ihr lernet	ihr könnet
sie seien	sie haben	sie werden	sie geben	sie lernen	sie können
* Seule petite marque d'usure : *sein* a perdu son -e final au singulier. **passé** : er sei gewesen ; er habe gehabt ; er sei (ge)worden etc. **futur** : er werde geben ; er werde lernen ; er werde können etc.					

L'EMPLOI

1. Le subjonctif I exprime **le souhait** (dans des tournures plutôt figées) et sert souvent à formuler... des **recettes de cuisine** :

Gott sei Dank! : Dieu merci !
Es lebe der König! : Vive le roi !
Komme, was da wolle! : Advienne que pourra !
Man nehme 3 Eier, koche sie weich und serviere sie in einem Glas.
Prendre (que l'on prenne) 3 œufs, les cuire à la coque, les servir dans un verre.

• Ceci dit, un Allemand considère le subjonctif comme **le mode de l'irréel, du doute, de l'hypothèse**, et il trouve incongru qu'un Français dise : « Je suis content que tu **sois** venu », puisque l'autre est réellement venu ! Content de me voir réellement, il dira donc : « *Ich freue mich, daß du gekommen bist!* »

2. Le subjonctif I est avant tout le mode du **DISCOURS INDIRECT** (lorsqu'on rapporte les paroles ou les pensées de quelqu'un). Il est obligatoire lors d'une « construction sans..., *daß* ».

Er sagt :	Er sagt,
« Ich bin krank, ich habe sogar Fieber ; ich habe gebadet, das Wasser war sehr kalt. »	er sei krank er habe sogar Fieber ; er habe gebadet, das Wasser sei sehr kalt gewesen. (passé)
Indicatif possible dans la langue parlée, à condition d'employer une subordonnée introduite par la conjonction *daß : Er sagt, daß er krank ist, daß er sogar Fieber hat, daß er gebadet hat, und daß das Wasser sehr kalt war.*	

• **L'interrogative indirecte** est obligatoirement introduite par un interrogatif ou la conjonction *ob*. Elle est toujours une subordonnée :

« *Wann fährst du auf Urlaub?* »
« Quand est-ce que tu pars en vacances ? »

*Er fragt seine Freundin, **wann** sie auf Urlaub **fahre**.*
Il demande à son amie quand elle partira en vacances.

« *Darf ich mit dir kommen?* »
« Puis-je venir avec toi ? »

*Er fragt sie, **ob** er mit ihr kommen **dürfe**.*
Il lui demande s'il peut venir avec elle.

• **Le discours indirect est toujours au temps du discours direct.** Ce qui veut dire que contrairement au français, il n'y a pas concordance de temps entre la principale et la subordonnée. Observez bien :

« *Ich habe zu viel Arbeit und bin zur Zeit sehr nervös.* » (présent)
J'ai trop de travail et suis très tendu en ce moment.

« ***Er sagt,*** ***er habe*** *zu viel Arbeit* ***und sei*** *zur Zeit sehr nervös.*
Il dit qu'il a trop de travail **et qu'il est** très tendu en ce moment.

*Er **sagte**, **er habe** zu viel Arbeit **und sei** zur Zeit sehr nervös.*
Il disait qu'il avait trop de travail **et qu'il était** très tendu en ce moment.

• **Le subjonctif n'a qu'une seule forme de passé**, alors que l'indicatif en a trois (prétérit, parfait et plus-que-parfait). Le « piège » consiste donc à croire qu'au discours indirect, *war* donnerait *wäre*, que *hatte* donnerait *hätte* etc. **Non.**« *Ich war* » (tout comme « *ich bin gewesen* » / « *ich war gewesen* ») donnera : *er sei gewesen*. Voici un exemple pratique avec des mots très simples.

Er erzählt : « *Ich war gerade nach Hause gekommen und bemerkte, daß ich das Brot vergessen hatte. Ich nahm also mein Fahrrad und fuhr zum nächsten Bäcker. Aber es war leider zu spät. Der gute Mann hatte kein Brot mehr* ».

Er erzählt, er sei gerade nach Hause gekommen und habe bemerkt, daß er das Brot vergessen habe. Er habe also sein Fahrrad genommen und sei zum nächsten Bäcker gefahren. Aber es sei leider zu spät gewesen. Der gute Mann habe kein Brot mehr gehabt.

• **Si le subjonctif I coïncide avec l'indicatif**, on passe au subjonctif II. C'est le cas pour la 1re pers. du sg. et pour la 1re et 3e pers. du pluriel (sauf pour le verbe *sein* où cette coïncidence ne se produit jamais).

Er sagt : « *Wir **sind** alle nervös, weil wir morgen ein Examen **haben**.* »
*Er sagt, sie **seien** alle nervös, weil sie morgen ein Examen **hätten**.*

Sie sagt : « *Meine Kinder **gehen** in eine Schule, wo kein Deutsch unterrichtet **wird**.* »
*Sie sagt, ihre Kinder **gingen** in eine Schule, wo kein Deutsch unterrichtet **werde**.*

2 LE SUBJONCTIF II

LA CONJUGAISON

Le présent du subjonctif II se forme à partir du **radical du prétérit** auquel on ajoute les mêmes terminaisons qu'au subjonctif I.

Le radical des verbes forts (en *a, u, o*) prend une inflexion. Pour les verbes faibles et les deux verbes de modalité *sollen* et *wollen* (sans inflexion à l'infinitif), subjonctif II et prétérit de l'indicatif sont identiques.

LES VERBES AUXILIAIRES

Infinitif	SEIN	HABEN	WERDEN	KÖNNEN	WOLLEN
prét. indicatif	ich war	ich hatte	ich wurde	ich konnte	ich wollte
subjonctif II					
présent	ich wäre du wärest er wäre wir wären ihr wäret sie wären	ich hätte du hättest er hätte wir hätten ihr hättet sie hätten	ich würde du würdest er würde wir würden ihr würdet sie würden	ich könnte du könntest er könnte wir könnten ihr könntet sie könnten	ich wollte du wolltest er wollte wir wollten ihr wolltet sie wollten
passé : ich wäre gewesen ; ich hätte gehabt ; ich wäre geworden etc.					
futur : ich würde sein ; ich würde haben ; ich würde wollen etc.					

VERBES FORTS, FAIBLES ET « WISSEN »

Infinitif	GEBEN	GEHEN	HEIßEN	LERNEN	WISSEN
prét. indicatif	ich gab	ich ging	ich hieß	ich lernte	ich wußte
subjonctif II					
présent	ich gäbe du gäbest er gäbe wir gäben ihr gäbet sie gäben	ich ginge du gingest er ginge wir gingen ihr ginget sie gingen	ich hieße du hießest er hieße wir hießen ihr hießet sie hießen	ich lernte du lerntest er lernte wir lernten ihr lerntet sie lernten	ich wüßte du wüßtest er wüßte wir wüßten ihr wüßtet sie wüßten
passé : ich hätte gegeben ; ich wäre gegangen ; ich hätte gelernt etc.					
futur : ich würde geben ; ich würde lernen ; ich würde wissen etc.					

• Il y a quelques rares exceptions (*stehen / stand – er stünde*), et des formes peu jolies voire ridicules pour l'oreille allemande (*fliehen / floh – er flöhe ; waschen / wusch – er wüsche*) où l'on préfère, même à l'écrit, se servir de l'auxiliaire « werden » (*er würde fliehen ; er würde waschen*), comme pour les verbes faibles et les faibles irréguliers.

• Dans la langue parlée, le recours à l'auxiliaire ***würde*** pour exprimer le présent du subjonctif II est très fréquent. Mais il **est interdit pour tous les auxiliaires de temps et de mode**.

*Ich **käme** gern, aber ich habe keine Zeit.*
*Ich **würde** gern **kommen**, aber ich habe keine Zeit.*
Je viendrais volontiers, mais je n'ai pas le temps.

Ich wäre gern gekommen, aber ich hatte keine Zeit. (jamais *ich würde... sein!*)
Je serais volontiers venu, mais je n'avais pas le temps.

L'EMPLOI

1. Comme vous l'avez déjà observé dans les exemples qui viennent d'être cités, le subjonctif II est surtout **le mode du conditionnel**.

– soit d'un possible non encore réalisé (conditionnel présent = présent du subjonctif II),

Es wäre traurig, wenn du... : Ce serait triste, si tu... (cond. présent)
Ich würde antworten, daß... : Je répondrais que... (cond. présent)

– soit d'un possible qui ne s'est finalement pas réalisé (conditionnel passé = passé du subjonctif II).

Es wäre traurig gewesen, wenn du... : C'eut été triste, si tu... (cond. passé)
Ich hätte geantwortet, daß... : J'aurais répondu que... (cond. passé)

2. Le subjonctif II est aussi **le mode du souhait** et **de la demande polie** (cond. prés.) ainsi que **du regret** (cond. passé). Le « si... ! » (souhait ou regret) peut s'exprimer par la conjonction *wenn* (+ structure de subordonnée), mais le plus souvent, le verbe est placé en tête de phrase, comme pour une interrogative (« construction sans *wenn* »).

Könntest du doch bleiben! : Si seulement tu pouvais rester ! (souhait)
Könnten Sie bitte die Türe schließen? : Pourriez-vous fermer la porte, svp ?
Hättest du mich doch angerufen! : Si seulement tu m'avais téléphoné ! (regret)

• Voir p. 134 la subordonnée circonstancielle de condition, pour compléter ce chapitre et passer à l'étape suivante qui consiste à savoir dire, par exemple : *Wenn ich das gewußt hätte, hätte ich nie deutsch gelernt!*

LE NOM ET LE GROUPE NOMINAL

I. LE NOM

1 *GENRE ET PLURIEL DES NOMS*

En allemand, les noms (substantifs) sont répartis entre TROIS GENRES :

- **le masculin : *der Mann***
  mais aussi : *der Wert* (la valeur), *der Tod* (la mort), *der Hunger* (la faim), etc. ;

- **le féminin : *die Frau***
  mais aussi : *die Sonne* (le soleil), *die Arbeit* (le travail), *die Welt* (le monde), etc. ;

- **le neutre : *das Kind***
  mais aussi : *das Leben* (la vie), *das Ende* (la fin), *das Spiel* (le jeu), etc.

Vous constatez que, sauf pour les noms désignant des personnes, il n'y a rien à « comprendre » à cette répartition. C'est du domaine du vocabulaire, c'est-à-dire de l'arbitraire de toute langue, et **le genre fait partie intégrante du nom**. Inutile (j'insiste : complètement inutile !) de savoir que « place » veut dire *Platz !* Vous trébucherez sans cesse sur cette première des lacunes fatales, le genre du nom. Il faut apprendre et intégrer l'ensemble (l'article, le nom, et son pluriel), ou rien.

Sachez toutefois que l'oreille est un excellent aide-mémoire : **apprendre à voix haute** (*der Platz – die Plätze*) crée ce que l'on appelle des automatismes. Il en faut. Vous ne réfléchissez pas non plus, en français, pour compter, pour savoir si c'est « le » ou « la » stylo. C'est à force de répétition que cela s'est enregistré dans la case mémoire (un-cheval-des-chevaux, le-laitier-la-laitière, tout comme : deux-et-deux-quatre ; trois-fois-six-dix-huit). La langue « maternelle » aussi s'apprend.

Pour ce qui est des langues dites « étrangères », le mieux est de ne pas se poser trop de questions. Les différentes langues distribuent différemment les genres de leurs mots. C'est parfois difficile à admettre, puisque tout ce qui se passe dans notre langue maternelle nous semble « normal ». Quelle idée, en effet, de dire « la » soleil, « le » lune, ou « la » travail ! Mais croyez-vous que les Allemands ne se posent pas les mêmes questions, dans l'autre sens ? Sans parler des Anglais qui font semblant d'ignorer le genre des mots (*the* partout) tout en distinguant entre *he, she* et *it*, donc également entre trois genres !

La solution la plus simple et la plus rentable est donc d'apprendre tout substantif avec son article défini et son pluriel.

N'y a-t-il pas quelques repères, tout de même ?

Si. Toute grammaire classique vous donnera des règles, assorties de leurs inévitables exceptions, et la liste est longue et complexe. Nous allons nous limiter ici à quelques repères de base, utiles et sûrs :

GENRE DES NOMS

• **Sont du genre masculin**

– tous les noms désignant des personnes du sexe masculin ainsi que leurs métiers :

der Onkel, der Sohn, der Lehrer, der Arzt, der Pianist, der Autor

Pour les métiers, le féminin est formé en ajoutant le suffixe **-in** :

die Lehrerin, die Ärztin, die Pianistin, die Autorin

• **Sont du genre féminin**

– tous les noms désignant des personnes du sexe féminin
– tous les noms à suffixe ***-ei, -heit, -keit, -schaft, -ung*** :

die Bäckerei (la boulangerie) ; *die Freiheit* (la liberté) ; *die Wirklichkeit* (la réalité) ; *die Wirtschaft* (l'économie) ; *die Erziehung* (l'éducation)

Le pluriel de ces noms est toujours en ***-en*** (*die Freiheiten*).

• **Sont du genre neutre**

– tous les **diminutifs** à suffixe ***-chen*** et ***-lein*** :

das Märchen (le conte) ; *das Fräulein* (la demoiselle), etc.

– tous les **infinitifs substantivés** :

das Leben (la vie) ; *das Wissen* (le savoir) ; *das Essen* (le repas), etc.

– toutes les **villes** et la grande majorité des **pays**.
Eh oui, la France, l'Europe, l'Italie etc. sont du genre neutre en allemand, même si cela n'apparaît qu'au cas d'une détermination ou lors de l'emploi d'un pronom :

Kennst du Frankreich? : Connais-tu la France ?
Ach, ***das*** *schöne Frankreich!* : Ah, **la** belle France !
Ich finde es schöner als England. : Je **la** trouve plus belle que l'Angleterre.

Seule véritable exception : *die Schweiz* (la Suisse). *Die Bundesrepublik* est un nom composé, *die Türkei*, *die Tschechei* suivent la règle des suffixes féminins (voir plus haut), et *die Vereinigten Staaten* (les États-Unis) sont un groupe nominal au pluriel.

PLURIEL DES NOMS

Une seule remarque, mais qui peut vous aider : Les marques du pluriel sont, indépendamment du genre (ou presque) :

– **soit** : *(-) ; (-e) ; (-er)* :
der Lehrer – die Lehrer ; der Hund – die Hunde ; das Kind – die Kinder, ou bien :
(¨) ; (¨-e) ; (¨-er) :
der Garten – die Gärten ; der Platz – die Plätze ; das Buch – die Bücher

– **soit** : *(-n)* ou *(-en)* (sans jamais d'inflexion !) :
die Dame – die Damen ; das Ohr – die Ohren

Former le pluriel *die Kindern* (*Kind + er + n*) est une aberration. Aucun nom, même allemand, n'a deux marques de pluriel à la fois !

N.B. : *die Leute* (les gens) est déjà un pluriel ! Sauf au D pluriel, il n'y a donc pas lieu d'ajouter un *-n*.

– **Quelques noms**, d'origine étrangère, forment leur **pluriel en -s** :
das Foto – die Fotos ; das Auto – die Autos ; das Hotel – die Hotels

TROUVEZ LE GENRE DU NOM

Voici une liste de noms dont ce qui vient d'être dit vous donne le genre. Mettez l'article (sans tricher), cherchez le pluriel et la traduction dans le dictionnaire, apprenez sans tout mélanger, servez dès que l'occasion se présente.

die Freiheit (en)	... Fräulein (...)	... Polizei (...)
... Europa (-)	... Zeitung (...)	... Märchen (...)
... Kind (...)	... Berlin (...)	... Wahrheit (...)
... Werbung (...)	... Gefühl (...)	... Sängerin (...)
... Sozialist (...)	... Leben (...)	... Disco (...)
... Mutter (...)	... Onkel (...)	... Paris (-)
... Türkei (-)	... Autor (...)	... Wissen (...)

2 *LA DÉCLINAISON*

REMARQUES GÉNÉRALES

• La déclinaison allemande comporte QUATRE CAS :
le nominatif (N), **l'accusatif** (A), **le datif** (D), et **le génitif** (G), dont chacun a sa (ou ses) fonction(s) spécifique(s) (détails p. 77 ss.)

• Sauf exception (nom propre ou article partitif français), le groupe nominal est introuduit par un **déterminatif** (article défini ou indéfini, adjectif possessif, démonstratif, interrogatif) qui « présente » le groupe nominal : il **porte la marque** du genre, du cas et du nombre (sg. / pl.)

• Sauf exception (masculin faible), les noms prennent un *-s* au G singulier masculin et neutre. Tous les noms prennent un *-n* au D de leur pluriel (à moins que le pluriel soit déjà en *-n*).

• Les marques que porte l'article défini sont à **mémoriser en priorité et à la perfection**. C'est un investissement à très haut taux de rendement, car nous retrouvons ces marques à tous les déterminatifs, à certains pronoms, ainsi qu'à la déclinaison de l'adjectif épithète. Autant dire : partout !

Jugez-en vous-même par un exemple simple :

*Der Mann schenkte **dem** Kind **einen** Ball.*
Le Monsieur a offert un ballon à l'enfant.

*Dieser Mann schenkte **seinem** Kind **einen** Ball.*
Cet homme a offert un ballon à son enfant.

***Wer** schenkte **ihm** **diesen** Ball?*
Qui lui a offert ce ballon ?

*Ein alter Mann schenkte **ihn** **unserem** Kind.*
Un viel homme l'a offert à notre enfant.

*Der Mann, der **ihm** den Ball schenkte, ist ein alter Freund.*
L'homme qui lui a offert ce ballon est un vieil ami.

MARQUES DE L'ARTICLE DÉFINI ET DU NOM

	Masculin	Féminin	Neutre	Pluriel
N	**der** Platz	**die** Stadt	**das** Haus	**die** Häuser
A	**den** Platz	**die** Stadt	**das** Haus	**die** Häuser
D	**dem** Platz	**der** Stadt	**dem** Haus	**den** Häusern
G	**des** Platzes	**der** Stadt	**des** Hauses	**der** Häuser
Le N et l'A sont toujours identiques, sauf pour l'article du masc. sg.				
La marque du G est *-s* ou *-es* : *des Vaters,* mais : *des Hauses, des Tages.*				

MARQUES DE L'ARTICLE INDÉFINI

	Masculin	Féminin	Neutre	Pluriel
N	**ein** Mann	eine Frau	**ein** Kind	keine Leute
A	einen Mann	eine Frau	**ein** Kind	keine Leute
D	einem Mann	einer Frau	einem Kind	keinen Leuten
G	eines Mannes	einer Frau	eines Kindes	keiner Leute

Nous pouvons constater deux « lacunes » dans les tableaux ci-dessus :

1. Il y a plus de cas que de marques. Ainsi, par exemple, ***der*** est à la fois N masculin (sg.), D et G féminin (sg.) et G pluriel. Il faut donc faire attention et bien distinguer les fonctions.

> ***Der** Wagen **meiner** Eltern fährt auf **der** Straße.* (N m., puis G pl., puis D f.)

2. L'article indéfini ***ein*** n'a pas de marque au N masculin, ni aux N et A neutre. Il ne fait donc pas son « travail » de déterminatif, ce qui va obliger l'adjectif épithète à sauter dans la brèche (précisions p. 97) :

> ***das** Haus* : ***ein** neues Haus, **der** Freund* : ***ein** alter Freund*

• **L'article partitif français** (« du », « de la », « des ») ne se traduit en allemand qu'à la forme négative, par ***kein*** (« pas de ») :

> Je bois **du** thé et mange **des** tartines beurrées avec **de la** confiture.
> *Ich trinke Tee und esse Butterbrote mit Marmelade.*
>
> Je ne bois **pas de** thé, ne mange **pas de** tartines et ne prends **pas de** confiture.
> *Ich trinke **keinen** Tee, esse **keine** Butterbrote und nehme **keine** Marmelade.*

• **Déterminatifs prenant la marque de l'article défini** :

– L'adjectif démonstratif :

> ***dieser, diese, dieses***, pl. ***diese*** (ce … ci)
> ***jener, jene, jenes***, pl. ***jene*** (ce … là)

– L'adjectif interrogatif :

> ***welcher*** … pl. ***welche*** (quel)

– Les déterminatifs de quantité :

> ***jeder, jede, jedes*** (chaque, pas de pl.)
> ***viele*** (beaucoup ; ***mehrere*** (plusieurs)
> ***einige*** (quelques) ; ***wenige*** (quelques)
> ***alle*** (tous les)

Au singulier, *viel* et *wenig* restent invariables :

Er hat viel Arbeit aber wenig Geld.
Il a beaucoup de travail mais peu d'argent.

• **Déterminatifs prenant la marque de l'article indéfini** :

– L'adjectif interrogatif

was für ein? (quel genre de ?)

Was für einen Computer hast du gekauft?
Quel genre / type d'ordinateur as-tu acheté ?

– Le couple déterminatif

solch ein (un tel)

Avant l'article indéfini, *solch* est invariable. Placé parès l'article indéfini, il se comporte comme un adjectif épithète :

*Ich habe noch nie **solch einen** Wagen gesehen.*
*Ich habe **einen solchen** Wagen noch nie gesehen.*

– L'adjectif possessif

Les adjectifs possessifs nécessitent un arrêt sur image. Ils ajoutent en effet les marques de l'article indéfini *ein* à leur « corps » de base que voici :

pron. personnel	ich	du	er - sie - es	wir	ihr	sie - Sie
adj. possessif	mein	dein	sein - ihr - sein	unser	euer	ihr - Ihr
Comme *ein*, les adjectifs possessifs ne font pas la distinction entre N masculin et N / A neutre. Il faudra en tenir compte dans la déclinaison de l'adjectif !						
Le *-r* final de *ihr, unser, euer* n'est pas une marque de cas ! On doit donc, si la marque du cas l'exige, ajouter *-er* : *Sie kommt mit **ihr / er** Mutter* (D fém.) ; *Der Hund **unser / er** Nachbarn* (G pl.)						
Pour ***euer***, le *-e-* avant le *-r-* tombe si l'on ajoute la marque : *das Haus eurer Freunde.* (G pl.)						

À **la troisième personne du singulier**, le possessif donne **d'abord** le genre du possesseur, et marque **ensuite**, par la désinence, le genre et le cas de la chose possédée :

für sein	*-en*	*Freund*	(pour son ami à lui)
für sein	*-e*	*Mutter*	(pour sa mère à lui)
für ihr	*-en*	*Freund*	(pour son ami à elle)
für ihr	*-e*	*Arbeit*	(pour son travail à elle)

En effet, les Allemands aiment la précision. Quand Monsieur Dupont parle de « sa » voiture, on ignore s'il s'agit de la sienne (à lui) ou de celle de sa femme. Pas de ce flou-là chez les Weber ! (Ni, d'ailleurs, chez les Thompson : *his / her*) *Herr Weber fährt **seinen** Mercedes, Frau Weber fährt **ihren** VW.* Si vous dites (par erreur) : « ***Frau Weber fährt seinen Wagen*** », vous risquez de provoquer une scène de ménage...

3 *LE MASCULIN FAIBLE*

Dieu sait qui a introduit les termes « fort » et « faible » dans la grammaire allemande ! On peut soupçonner quelque grammairien misogyne qui, ayant remarqué que la plupart des noms féminins font leur pluriel en *-n*, a décidé d'appeler ce pluriel « faible », par analogie au « sexe faible ». Toujours est-il que depuis, on parle de « déclinaison faible », de « verbes faibles », et, comble du paradoxe, de « masculin faible » !

Il est vrai que ces masculins ne se contentent pas de faire leur pluriel en *-n* comme la quasi-totalité des féminins, ils prennent *-n* également à tous les cas du singulier excepté au nominatif, et renoncent ainsi au très viril *-s* du génitif. Le résultat manque un peu de profil, osons le dire :

	singulier		**pluriel**
N	der Held	der Student	die Helden die Studenten
A	den Helden	den Studenten	die Helden die Studenten
D	dem Helden	dem Studenten	den Helden den Studenten
G	des Helden	des Studenten	der Helden der Studenten
Le dictionnaire vous indique : *der Held* (*-n, -n*) : le héros, et vous traduisez : *-n* au G singulier, *-n* au pluriel, donc : masculin faible : *-n* partout sauf au N singulier.			

Mais, autre paradoxe, ces masculins dits « faibles » comptent dans leurs rangs les animaux et les personnes les plus respectables, à commencer par les Français. Parfaitement : ***der Franzose* (*-n,-n*)** est, pour les Allemands, un masculin faible. (Allez dire ça à Belmondo !) Et il se trouve en fort bonne compagnie : ***der Löwe*** (le lion), ***der Elefant, der Bär*** (l'ours), ***der Präsident, der Student, der Riese*** (le géant) ***der Held*** (le héros) ***der Mensch*** (l'être humain en général — cela devient philosophique !) sont tous des masculins faibles.

Comment les reconnaître ? Voici une règle simple :

- **Sont des masculins faibles tous les masculins désignant une personne ou un animal qui font leur pluriel en *-n*.**

(Les masculins tels que : ***der Staat, -es, -en*** (l'État) ; ***der See, -s, -n*** (le lac) ; ***der Schmerz, -es, -en*** (la douleur) n'entrent donc pas dans cette catégorie.)

• **Neuf masculins** (faux faibles ou faux forts ?) ajoutent au ***-n*** « faible » le ***-s*** « fort » du génitif. Les voici, par ordre de fréquence d'emploi :

> ***der Name*** (le nom), ***der Friede(n)*** (la paix), ***der Wille*** (la volonté), ***der Gedanke*** (la pensée), ***der Glaube*** (la foi), ***der Buchstabe*** (la lettre), ***der Funke*** (l'étincelle), ***der Haufe(n)*** (le tas), ***der Same(n)*** (la semence).

Un seul neutre, ***das Herz* (*-ens,-en*)** (le cœur) suit cette déclinaison dite « mixte ».

	masculin faible	masculin mixte	pluriel
N	der Mensch	der Name	die Menschen / die Namen
A	dem Menschen	den Namen	die Menschen / die Namen
D	dem Menschen	dem Namen	den Menschen / den Namen
G	des Menschen	des Namens	der Menschen / der Namen
Le dictionnaire indique : *der Name* (*-ns, -n*), vous vous en doutiez.			

4 *LES CAS UN PAR UN*

LE NOMINATIF

Le nominatif est le cas du sujet et, par conséquent, le cas de l'attribut du sujet. Cet attribut du sujet n'est pas toujours ressenti comme tel par les Français. Comme il est placé après le verbe, il est souvent pris pour un COD, ce qu'il n'est pas. Et les jeunes (et moins jeunes) germanistes qui veulent (trop) bien faire, se font régulièrement piéger : ils mettent l'attribut du sujet à l'accusatif, et c'est la grosse faute, « attr. suj. » dans la marge, en rouge et souligné trois fois.

• **Comment identifier cet attribut du sujet ?**

Eh bien, c'est comme en français, souvenez-vous de la règle apprise en CM2 : est attribut du sujet l'adjectif, le nom, le pronom ou le groupe nominal qui est relié au sujet par l'un des verbes suivants : être, devenir, sembler, paraître, rester.

Il se trouve que les Allemands sont exactement du même avis : tout élément relié au sujet par les verbes : ***sein*** (être), ***werden*** (devenir), ***scheinen*** (sembler, paraître), ***bleiben*** (rester), est au nominatif.

> *Hans ist mein bester Freund.* : Hans est mon meilleur ami.
> *Du kannst der beste Schüler werden.* : Tu peux devenir le meilleur élève.

Attention : nous avons bien dit par les « verbes », et non par des auxiliaires (car *sein* et *werden* peuvent aussi jouer le rôle d'auxiliaires !) :

Hans ist mein bester Freund. : Hans est mon meilleur ami.
Hans ist seinem Feund begegnet. : Hans a rencontré son ami.

Il y a un point, cependant, où l'allemand nous facilite les choses :
• **l'adjectif attribut est toujours invariable**. Il ne s'accorde ni avec le genre ni avec le nombre du sujet, jamais. Une fleur, un coucher du soleil, des photos sont invariablement *schön*, donc « beau », un coureur-automobile, une vedette de cinéma, des chansons sont également *bekannt*, « connu », sans distinction aucune. Et si cela peut vous consoler de la déclinaison de l'adjectif épithète : les Allemands ont beaucoup de mal avec cette spécialité des langues latines qu'est « l'accord de l'adjectif attribut ».

*Der Frosch ist **grün**.* : La grenouille est **verte**.
*Die Wiese wird **grün**.* : Le pré devient **vert**.
*Das Gesträuch bleibt nicht **grün**.* : Les buissons ne restent pas **verts**.
*Diese Äpfel sind noch **grün**.* : Ces pommes sont encore **vertes**.

L'ACCUSATIF

Pour un esprit français, **l'accusatif allemand est à première vue le cas du complément d'objet direct** (COD). Or, que signifie COD ? Cela signifie, pour la langue française, qu'un complément n'est pas précédé d'une préposition, mais qu'il suit « directement » le verbe. Alors que le complément d'objet indirect est introduit, lui, par une préposition :

Je montre le dessin (COD) à ma sœur (COI).

C'est pour la même raison d'ailleurs qu'on parle de verbe transitif « direct » (sans préposition) et « indirect » (avec préposition).

Les Allemands aussi font cette distinction et parlent alors du « régime » (ou de la « rection ») des verbes. Mais ils ne s'occupent pas de ce que font les Français.

• Ainsi, il peut y avoir **coïncidence** des régimes :

*Ich kaufe **ihm** (D) einen neuen Wagen.*
Je **lui** achète une voiture neuve. (COI)

• Mais il peut aussi y avoir **différence** :

*Ich frage **den** Lehrer (A), ob meine Antwort richtig ist.*
Je demande **au** professeur si ma réponse est juste. (COI)

Le verbe ***fragen*** régit **l'accusatif**, le verbe « demander » régit le datif.

• La nécessité de distinguer l'accusatif allemand du complément d'objet « direct » français vient aussi du fait qu'en allemand, certaines prépositions régissent l'accusatif.

PRÉPOSITIONS TOUJOURS SUIVIES DE L'ACCUSATIF

• Voici les plus fréquentes, et qu'il faut connaître parfaitement :

durch (par, à travers)	***ohne*** (sans)
für (pour)	***um*** (autour de)
gegen (contre)	

• **Neuf prépositions**, dites spatiales parce qu'elles introduisent un complément de lieu, **régissent tantôt l'accusatif, tantôt le datif**, selon que le verbe exprime un déplacement (accusatif = « directif ») ou un état, une activité en un lieu donné (datif = « locatif »). On les appelle aussi **prépositions mixtes**.

LES PRÉPOSITIONS MIXTES

in (dans)	***vor*** (devant, avant)	***neben*** (à côté)
an (près de, accolé à)	***hinter*** (derrière)	***zwischen*** (entre)
auf (sur)	***über*** (au-dessus)	
	unter (au-dessous)	

À parfaitement connaître également, et si vous les avez appris dans un autre ordre, ne changez rien à vos habitudes. L'essentiel est de les retenir, assortis d'un clignotant, car ils font sans cesse appel à votre vigilance :

*Der Strom mündet **in das Meer**.* (A) : Le fleuve se jette dans la mer.
*Ich schwimme **im Meer**.* (D) : Je nage dans la mer. (***im** = **in** + **dem***)

Nous insisterons sur la distinction locatif / directif p. 82 ss.

LE DATIF

Le datif est d'abord le cas du complément d'attribution. Le mot « datif » vient du verbe latin « ***dare*** » qui signifie « donner ». Le datif est donc par définition le cas du complément **à qui** l'on va donner (***geben***), dire (***sagen***), raconter (***erzählen***), offrir (***schenken***), proposer (***vorschlagen***), acheter (***kaufen***), prêter (***leihen***), etc., quelque chose.

*Ich habe diese Geschichte **meinem Freund** erzählt.* (D masc.)
J'ai raconté cette histoire **à mon ami**.

Pas besoin de préposition donc, le datif suffit à « attribuer », il est là pour ça.

• **Toutefois** : certains verbes, transitifs directs en français (c'est-à-dire suivis d'un COD), **régissent le datif en allemand**. Voici les plus fréquemment utilisés (dans les interrogations et examens en tout cas) :

helfen (aider)	***danken*** (remercier)	***gratulieren*** (féliciter)
folgen (suivre)	***begegnen*** (rencontrer)	***glauben*** (croire qqn).

*Wir müssen **diesem Kind** helfen.* : Il faut que nous aidions cet enfant.
*Ich danke **ihm** für seinen Rat.* : Je le remercie pour son conseil.
*Ich bin **diesen Leuten** nie begegnet.* : Je n'ai jamais rencontré ces gens.

PRÉPOSITIONS TOUJOURS SUIVIS DU DATIF

aus (hors de, en + matière)	***seit*** (depuis)
bei (chez, auprès de)	***von*** (de)
mit (avec)	***zu*** (à, chez + but)
nach (après, vers)	

Ces prépositions imposent le datif, sans exception, même quand il s'agit d'un déplacement :

*Ich gehe **zum** Zahnarzt.* : Je vais chez le dentiste.
*Ich **komme vom** Zahnarzt.* : Je viens de chez le dentiste.

Rappelons que : ***zum** = zu + **dem** ; **vom** = von + **dem**.*

• **Les prépositions mixtes** déjà mentionnées dans la rubrique « accusatif », régissent le datif (« locatif ») quand il n'y a ni mouvement ni changement de lieu (voir aussi p...). Rappelons ces prépositions :

in	*an*	*auf*	*vor*	*hinter*	*über*	*unter*	*neben*	*zwischen*

*Ich liege gern **im** Gras.* : J'aime être couché dans l'herbe.
*Er steht träumend **am** Fenster.* : Il se tient à la fenêtre et rêve.

• Dans la pratique (ceci est un tuyau !), la préposition mixte ***zwischen*** **régit nettement plus souvent le datif** que l'accusatif !

En effet : chaque fois qu'il est question de la différence, du dialogue, d'une discussion, d'une dispute, de la relation, d'un match, de la comparaison, du commerce, de la haine ou du grand amour **entre** Machin et Chose, Machin **et** Chose sont au datif !

*Es gab einen Streit **zwischen dem** Vater **und dem** Sohn.*
Il y eut une dispute entre le père et le fils.

*Sie hören ein Gespräch **zwischen einer** Journalisten **und einem** Arzt.*
Vous entendez une discussion entre une journaliste et un médecin.

*Der Unterschied **zwischen diesen beiden** Ländern ist enorm.*
La différence entre ces deux pays est énorme.

LE GÉNITIF

Le génitif est, dans un premier temps, le cas du complément du nom. Il est (avec le datif pluriel) le seul cas qui, au singulier masculin et neutre, marque aussi le nom : ***des*** *Vaters* ; ***des*** *Hauses.* Comme le *-n* du datif pluriel (pourtant, qu'est-de qu'on vous le répète !), ce pauvre *-s* est souvent oublié. (Oubli taxé de faute d'étourderie par les plus cléments, par ignorance inadmissible par les plus strictes parmi vos professeurs.)

Mon expérience personnelle me ferait dire que plus souvent encore, c'est le génitif pluriel (*die Löhne **der** Arbeiter* : les salaires **des** ouvriers) qui est oublié (ou ignoré) par les jeunes germanistes. Traduisons :

Les amis de mes parents vivent en Allemagne.
*Die Freunde **meiner** Eltern leben in Deutschland.* (Élémentaire !)

PRÉPOSITIONS SUIVIS DU GÉNITIF

trotz (malgré) ***während*** (pendant) ***wegen*** (à cause de)

***Trotz des** Regens gingen wir spazieren.*
Malgré la pluie, nous sommes allés nous promener.

*Jetzt muß ich **wegen eines einzigen** Fehlers alles noch einmal schreiben!*
À présent je dois réécrire le tout à cause d'une seule faute !

• Le génitif saxon

Le génitif « saxon » (un mot qui fut synonyme de « germanique » jusqu'à ce que les Anglo-Saxons, ces cousins « germains », se l'approprient) est une curieuse variante du génitif. Il est fort heureusement en voie de disparition, sauf pour les noms propres et dans des cas particuliers (pronom relatif, interrogatif). Ce génitif précède le terme complété qui, lui, perd son article (***Peters Freund***).

À la différence de l'anglais, il n'y a **pas d'apostrophe** avant le -s du génitif.

Mais attention à l'adjectif épithète dont pourrait être précédé de terme. Cet adjectif, privé de déterminatif, devra prendre la marque du cas. Observez bien :

Giselas Freund	*Giselas **neuer** Freund*
für Giselas Freund	*für Giselas **neuen** Freund*

Peters Auto *Peters neues Auto*
mit Peters Auto *mit Peters neuem Auto*

Pour connaître le possesseur, on se sert du pronom interrogatif ***Wessen?*** qui est également un génitif saxon, si l'on peut dire :

> ***Wessen Auto*** *ist das?* : À qui est cette voiture ? (La voiture de qui est-ce ?)
> ***Mit wessen Auto*** *bist du gekommen?* : Avec la voiture de qui es-tu venu ?

5 LES COMPLÉMENTS DE LIEU

L'Allemand est extrêmement pointilleux sur la différence entre immobilité et mouvement, voire même sur la différence entre mouvement à l'intérieur d'un espace donné, et mouvement avec changement de lieu.

le locatif	immobilité, ou mouvement « sur place »	**wo?**
le directif	mouvement en direction de	**wohin?**
	indication de la provenance	**woher?**

LE LOCATIF

• Lorsqu'il y a **immobilité, ou mouvement « sur place »**, les prépositions spatiales (***in, an, auf, vor, hinter, über, unter, neben, zwischen***, voir p. 79) sont suivis du datif (« locatif »).

> *Das Buch liegt* ***auf dem*** *Tisch.* : Le livre est (posé) sur la table.
> *Ich warte* ***vor der*** *Schule* ***auf dich.*** : Je t'attends devant l'école.
> *Er geht* ***im Zimmer*** *auf und ab.* : Il fait les cent pas dans la pièce.
> *Sie gehen* ***in den Alleen*** *spazieren.* : Ils se promènent dans les allées.

Ces phrases répondent à la question ***Wo?*** (où ? en quel lieu ?)

LE DIRECTIF

• Losqu'il y a **mouvement en direction de**, changement de lieu, les prépositions spatiales sont suivies de l'accusatif (« directif ») :

> *Steig bitte nicht* ***auf diesen*** *Baum!* : Ne monte pas sur cet arbre, s'il te plaît !
> *Kommst du morgen* ***in die*** *Disco?* : Viendras-tu à la discothèque demain ?

*Stell dich bitte **vor die** Tafel!* : Mets-toi devant le tableau, s'il te plaît !
*Er setzte sich **neben mich**.* : Il s'est assis à côté de moi.

L'interrogatif correspondant est *Wohin?* (où ? vers où ?)

• Remarquez : la plupart du temps, c'est **le verbe**, déjà, qui **exprime l'immobilité ou le mouvement**. Vous dormez, mangez, écrivez, restez, attendez, etc. généralement sur place, non ? Donc, datif.

Et quand vous posez, accrochez, jetez quelque chose quelque part, ou quand vous-même allez ou courez (vers) quelque part, cela est logiquement lié à un déplacement, de l'objet ou de vous-même. Donc, accusatif.

• Mais attention au mouvement à l'intérieur d'un espace :

Das Auto fährt auf der Straße. (*D*)
La voiture roule sur la route (considérée comme espace clos).

Das Auto fährt auf die Straße. (*A*)
La voiture s'engage sur la route (sortant d'un parking, p. ex.)

• Et attention aux prépositions qui régissent le seul datif : elles ont priorité sur la distinction immobilité / mouvement !
L'interrogatif cependant continue de faire la différence :

*Er **fährt** zu seinem Brieffreund.* (***Wohin?***)
Il va chez son correspondant.

*Sie **fahren** nach dem Süden.* (***Wohin?***)
Ils partent vers le Sud.

• **Cependant** : pour un Allemand, arriver (***ankommen***), apparaître (***erscheinen***), disparaître (***verschwinden***), couler (***versinken***) quelque part, cacher (***verstecken***) quelque chose quelque part, voir le soleil se lèver (***aufgehen***) ou se coucher (***untergehen***), eh bien, cela se passe au **datif** ! Pour un esprit allemand, il faut déjà être sur les lieux pour arriver, pour apparaître ou disparaître :

*Das Tier verschwindet **im** Wald.* : L'animal disparaît dans la forêt.
*Die Sonne geht **im** Westen unter.* : Le soleil se couche à l'ouest.

C'est un peu tordu, avouons-le, et les Allemands eux-mêmes sont parfois saisis d'un doute. Mais il leur suffit de poser la question *Wo?* ou *Wohin?* pour être immédiatement renseignés : si c'est la question *wo?*, c'est le datif, si c'est *wohin?*, c'est — sauf préposition contraire — l'accusatif. Pour eux, *wo?* et *wohin?* sont aussi différents que le sont « qui ? » et « quoi ? » pour vous.

• **L'indication de la provenance** est également un complément de lieu. Mais elle est introduite soit par ***von*** (de), soit par ***aus*** (de, sortant de), prépositions qui régissent toujours et exculsivement le datif :

*Ich komme eben **vom Arzt**.* : Je viens juste de chez le médecin.
*Er kommt **aus dem Süden**.* : Il vient (est originaire) du Sud.
*Sie kommt eben **aus der Schule**.* : Elle arrive juste de l'école.

L'interrogatif correspondant est *Woher*? (d'où ?)

• Une remarque encore pour ce qui est du séjour dans, du déplacement vers et de la provenance **des pays et des villes** (tous neutres et sans article, sauf en de très rares cas d'exception, voir p. 71-72) :

*Ich fahre **nach** Deutschland / **nach** Berlin,* (***Wohin***?)
Je vais en Allemagne / à Berlin,

*Ich lebe **in** Deutschland, **in** Paris, **in** Frankreich.* (***Wo***?)
Je vis en Allemagne, à Paris, en France.

*Ich komme **aus** Deutschland, **aus** Amerika, **aus** Rom.* (***Woher***?)
Je viens de l'Allemagne, des États-Unis, de Rome.

mais :

*Ich fahre **in die** Bundesrepublik, **in die** Vereinigten Staaten. **Wohin**?* (A)
*Ich lebe **in der** Bundesrepublik, **in den** Vereinigten Staaten. **Wo**?* (D)
*Ich komme **aus der** Türkei, **aus der** Bundesrepublik. **Woher**?*

6 *LES COMPLÉMENTS DE TEMPS*

Les compléments de temps peuvent être précédés ou non d'une préposition.

• **Tout complément de temps non précédé d'une préposition est à l'accusatif** :

*Er kommt **nächsten Freitag**.* : Il arrive vendredi prochain.
***Letztes Jahr** waren wir in Venedig.* : L'année dernière, nous étions à Venise.
*Diese Zeitschrift erscheint **jeden Monat**.* : Ce magazine paraît chaque mois.
***Einen Tag später** war er tot.* : Un jour plus tard (le lendemain), il était mort.

Seule exception : les compléments de temps *eines Tages, eines Morgens, eines Abends* (un jour, un matin, un soir).

***Eines Tages** war er verschwunden.* : Un (beau) jour, il avait disparu.

• **Tout complément de temps précédé d'une préposition est au datif.** Ces prépositions sont, pour l'usage général :

vor (il y a)	***innerhalb von*** (en l'espace de)
seit (depuis)	***bis zu, bis in*** (jusqu'à)
in (dans)	***bis**** (jusqu'à)

*Dies geschah **vor einer Woche**.*
C'est arrivé il y a une semaine.

***In einem Jahr** mache ich Abitur.*
Je passe mon Bac dans un an.

*Ich kann **bis zur nächsten Woche** warten.*
Je peux attendre la semaine prochaine.

*Ich warte höchstens **bis nächste Woche**.*
J'attends tout au plus la semaine prochaine.

***seul *bis* est suivi de l'accusatif**. En cas d'hésitation, mettre *bis zu* (+D)

• **Il y a des prépositions spécifiques** pour :

– les jours et la date : ***an* +D**	*am Tag ; am Sonntag, am 3. März, ...*
– les saisons : ***in* +D**	*im Sommer, im Winter, im Herbst, ...*
– les fêtes : ***zu***	*zu Ostern, zu Weihnachten, zu Allerheiligen, ...*
– l'heure : ***um***	*um 3 Uhr, um halb fünf, um Mitternacht,...*

Pour connaître le complément de temps, **les interrogatifs sont** :

wann? (quand ?)	***seit wann?*** (depuis quand ?)
bis wann? (jusqu'à quand ?)	***wie lange?*** (combien de temps ?)
um wieviel Uhr? (à quelle heure ?)	

➡ SAVOIR POSER LA BONNE QUESTION

Amusez-vous à poser les questions (complètes, notamment à l'aide d'interrogatifs de temps et / ou de lieu), auxquelles répondent les phrases suivantes. Notez les interrogatifs, transcrivez les questions complètes et répétez-les à haute voix :

1. Er ist in Hamburg geboren, ...
   ➡ ....
2. ... und zwar am ersten April 1971.
   ➡ ....
3. Nach dem Abitur ...
   ➡ ....
4. ... ging er nach Amerika.
   ➡ ....
5. Er studierte drei Jahre lang ...
   ➡ ....
6. ... an der Columbia Universität.
   ➡ ....
7. Ich komme eben aus dem Theater, ...
   ➡ ....
8. ... und möchte noch in eine Bar gehen.
   ➡ ....
9. Sie arbeitet seit drei Jahren ...
   ➡ ....
10. ... in einer Münchener Bank.
    ➡ ....
11. Dort sitzt sie acht Stunden pro Tag ...
    ➡ ....
12. ... an ihrem Schreibtisch.
    ➡ ....
13. Er sah sie in einem Restaurant ...
    ➡ ....
14. ... und setzte sich sofort neben sie.
    ➡ ....
15. Wir trafen uns um acht Uhr früh.
    ➡ ....
16. Endlich kamen sie in Berlin an.
    ➡ ....
17. Ich weiß das von meinem Großvater.
    ➡ ....
18. Als sie nach Hause kam, ...
    ➡ ....
19. ... lag er mit Fieber im Bett.
    ➡ ....
20. Sie müssen bis in zehn Minuten fertig sein.
    ➡ ....

II. LES PRONOMS

Qu'est-ce qu'un pronom ? Littéralement, un pro-nom vient « à la place du nom ». Il représente un nom (nom commun ou nom propre : l'arbre > **il** ; Eve > **elle**), un groupe nominal (mon camarade de classe > **il**), voire une phrase (Je sais qu'il ment. > Je **le** sais).

À la différence des déterminatifs, les pronoms ne s'accompagnent jamais d'un substantif, puisque leur rôle est justement de le remplacer.

Il y a, pour cette définition, accord entre le français et l'allemand, mais dans la forme, nous trouvons certaines divergences.

1 LES PRONOMS PERSONNELS

N	ich	du	er - sie - es	wir	ihr	sie - Sie
A	mich	dich	ihn - sie - es	uns	euch	sie - Sie
D	mir	dir	ihm - ihr - ihm	uns	euch	ihnen - Ihnen
Le génitif a pratiquement disparu.						
Pour le cas particulier du pronom « *es* » voir p. 53.						

Remarques :

• Nous retrouvons, à la 3e personne du singulier, les trois genres (*er – sie – es*). Aux différents cas, le pronom porte la marque de l'article défini :

der Chef	>	***er***	***für den Chef***	>	***für ihn***
mit der Tante	>	***mit ihr***	***das Leben***	>	***es***
von den Kindern	>	***von ihnen*** (*n + n*)	***mit dem Kind***	>	***mit ihm***

• Le complément-pronom précède **toujours** le complément-nom.

*Sie gibt die CD **ihrem Freund**.* : Elle donne le CD à son ami.
*Sie gibt **sie** ihrem Freund.* : Elle le donne à son ami.
*Sie gibt **ihm** die CD.* : Elle lui donne le CD.

• Entre pronoms, l'A précède **toujours** le D (alors qu'en français, il y a des exceptions).

*Sie gibt **sie ihm**.* (A/D) : Elle **le lui** donne. (A/D)
*Sie gibt **sie mir**.* (A/D) : Elle **me le** donne. (D/A)

• Les formes accentuées (« moi », « toi », « lui » en français) n'existent pas en allemand. Ne vous laissez pas induire en erreur :

Il est plus grand que **moi**. : *Er ist größer als ich.* (attribut du sujet)
Viens avec **moi** ! : *Komm mit mir!*
Il a fait cela pour **moi**. : *Er hat das für mich getan.*

LA FORME DE POLITESSE

Dans la communication entre personnes, Français et Allemands distinguent entre le tutoiement et le vouvoiement qui peuvent concerner chaque fois une ou plusieurs personnes. Ce qui fait quatre cas de figure. Or, pour ces quatre situations différentes, le français propose deux formes (« tu » et « vous »), l'allemand trois (*du, ihr* et *Sie*). Si problème il y a, c'est donc du côté d'un certain flou français qu'il faut le chercher (voir schéma ci-après).

Une autre différence entre les deux langues est que pour le vouvoiement (forme de politesse), les Français se servent de la 2e personne du pluriel, les Allemands de la 3e personne du pluriel (cela doit dater d'anciennes « Altesses Royales » ou autres « Excellences »).

VOICI LE SCHÉMA COMPARATIF

	sg. allemand	pl. allemand	sg. français	pl. français
tutoiement	*du*	*ihr*	tu	vous
vouvoiement	*Sie*	*Sie*	vous	vous

Encore une fois : C'est le français qui manque de précision, ne distinguant pas entre « vous, les enfants », et « vous, Monsieur le Président » ! Mais comme « c'est fait », je ne peux que vous conseiller de vous familiariser avec les habitudes allemandes. Tutoyer un jury (« *Ich habe eure Frage nicht verstanden.* », « *Ich danke euch.* ») est à éviter !!

• Ceci dit, **la majuscule** de la forme de politesse (*Sie, Ihnen*) n'est pas un signe particulier de respect (sauf dans les lettres, où *Du, Dein, Dir*... s'écrivent également avec une majuscule). Elle sert surtout, et nécessairement, à distinguer la forme de politesse de la 3e personne du pluriel, ou de la 3e personne du sg. (féminin) et la 3e personne du pluriel des possessifs.

Haben Sie gut geschlafen? : Avez-vous bien dormi (Monsieur) ?
Haben sie gut geschlafen? : Ont-ils bien dormi ?
Ist das Ihr Feuerzeug? : Est-ce votre briquet, (Madame, Monsieur) ?
Ist das ihr Feuerzeug? : Est-ce son briquet (à elle), / leur briquet (à eux) ?

C'est d'ailleurs pour les mêmes raisons de distinction que **l'impératif** de la première personne du pluriel et de la forme de politesse gardent, postposés, le pronom personnel. Les désinences verbales étant identiques, seul le pronom permet d'y voir clair. Merci de ne pas mettre de trait d'union !

*Gehen **wir** heim!* : Rentrons !
*Gehen **Sie** heim!* : Rentrez (Messsieurs) !

2 LES PRONOMS RÉFLÉCHIS

A	mich	dich	sich	uns	euch	sich
D	mir	dir	sich	uns	euch	sich

• Le pronom réfléchi peut être au datif ou à l'accusatif.

*Ich wasche **mich**.* (A)
*Ich kaufe **mir** einen Tennisschläger.* (D)

• La 3e personne du singulier et du pluriel n'a qu'une seule forme : **sich** (sans majuscule pour la forme de politesse). Il faut donc faire attention quand vous apprenez un verbe réfléchi, car l'infinitif est toujours donné avec le pronom de cette 3e personne justement : *sich*.

Les bons dictionnaires et les manuels vous donnent :

sich (A) ***waschen*** : se laver ; *sich* (D) ***etwas kaufen*** : s'acheter qqch

Dans la pratique, cette information est indispensable pour la première et la deuxième personne du singulier (***mich / mir*** ; ***dich / dir***).

Compliqué ? Soyons justes : ce n'est rien à côté du fameux accord du participe en français qui fait transpirer bien des romanistes allemands :

Je me suis **lavée**. (accord avec le sujet, féminin en l'occurrence)
Je me suis **lavé** les mains. (pas d'accord)
Je me les suis **lavées.** (accord avec le complément)

Et en allemand :

*Ich habe **mich** gewaschen.*
*Ich habe **mir** die Hände gewaschen.*
*Ich habe sie **mir** gewaschen.*

• **Distinguez bien** entre pronom personnel et pronom réfléchi :

*Er denkt oft **an ihn**.* : Il pense souvent **à lui**. (deux personnes)
*Er denkt nur **an sich*** : Il ne pense qu'**à lui**(-même).

3 LES PRONOMS POSSESSIFS

Le pronom possessif (« le mien », « la tienne » « les siennes », « le nôtre », etc.) se forme en allemand à partir de l'adjectif possessif (qui indique le possesseur), auquel on ajoute les marques de l'article défini (de la chose possédée). Ainsi, « le mien » = ***mein/er***, « la mienne » = ***mein/e***, etc. (mais les genres de la chose possédée peuvent être différents d'une langue à l'autre, bien sûr).

masculin	féminin	neutre	pluriel
mein-er	**mein-e**	**mein-es**	**mein-e**
deiner	deine	deines	deine
seiner	seine	seines	seine (possesseur masc.)
ihrer	ihre	ihres	ihre (possesseur fém.)
seiner	seine	seines	seine (possesseur neutre)
unserer	unsere	unseres	unsere
eurer	eure	eures	eure
ihrer	ihre	ihres	ihre
Ihrer	Ihre	Ihres	Ihre (f. de politesse)

Das ist nicht mein Pullover, das ist ***deiner***. (N masc.)
Kann ich dein Auto nehmen? ***Meines*** *ist kaputt.* (N neutre)
Gut, fahr ***mit meinem***, *aber paß bitte auf!* (D neutre, ici)
Das ist doch nicht euer Hund, das ist ***unserer****!* (N masc.)
Hier liegt ein Feuerzeug (briquet). *Ist das* ***Ihres****?* (Est-ce le vôtre ?)

4 LES PRONOMS INDÉFINIS

Ce pronom se forme à partir de l'article indéfini *ein* ou *kein* auquel il ajoute les marques de l'article défini. À la forme affirmative, le pluriel est *welche*, à la forme négative *keine*.

	masculin	féminin	neutre	pluriel
N	einer / keiner	eine / keine	eines / keines	welche / keine
A	einen / keinen	eine / keine	eines / keines	welche / keine
D	einem / keinem	einer / keiner	einem / keinem	welchen / keinen

Ich brauche ein Taxi und finde ***keines****.*
J'ai besoin d'un taxi et n'en trouve pas.

Mein Computer? Aber ich hab' doch ***keinen****!*
Mon ordinateur ? Mais je n'en ai pas, voyons !

Hast du Briefmarken? Ja, ich habe noch ***welche****. Nein, ich habe* ***keine mehr****.*
As-tu des timbres ? Oui, j'en ai encore. Non, je n'en ai plus.

Eine Disco? Ich kenne eine in der Maximilianstraße.
Une discothèque ? J'en connais une dans la Maximilanstraße.

• ***etwas / nichts / alles*** (quelque chose / rien / tout) sont des pronoms indéfinis invariables.

Brauchst du etwas? : As-tu besoin de quelque chose ?
Nein danke, ich brauche nichts. : Non merci, je n'ai besoin de rien.
Ich habe alles. : J'ai tout (ce qu'il me faut).

LA DÉCLINAISON DE « MAN »

Comme le « on » français, le pronom indéfini ***man*** n'a que le nominatif. Pour l'accusatif et le datif, l'allemand se sert du pronom indéfini ***einen / einem*** (là où le français emploie « nous » ou « vous »).

Man verkauft dort einfach alles. (N)
On y vend absolument de tout.

Die belügen einen ständig. (A)
Ils vous mentent tout le temps.

Die würden einem sogar die Luft verkaufen! (D)
Ils vous vendraient même l'air !

Pour le pronom indéfini ***man*** voir également le passif, p. 52)

5 LES PRONOMS INTERROGATIFS

À la différence du pronom personnel qui représente un nom ou un groupe nominal déjà cité, le pronom interrogatif représente ce goupe nominal pour ainsi dire par anticipation : celui-ci ne sera cité que dans la réponse. Si c'est une personne, le pronom interrogatif se décline :

• ***wer?*** (qui ?), ***was?*** (que ?, qu'est-ce que ?)

	personnes	choses
N	wer?	was?
A	wen?	was?
D	wem?	was?
G	wessen?	—

Wer kommt da? (N)
Wen hast du gesehen? (A)

Was liegt auf dem Tisch? (N)
Was hast du gesehen? (A)

*Wessen **Buch** ist das?* (***génitif saxon***)
À qui est ce livre ?
Wessen Eltern können nicht kommen?
De qui les parents ne peuvent-ils pas venir ?

N.B. : Rappelons que le génitif saxon est **directement** suivi du nom de la chose ou de la personne « possédée » (sans article).

• **La forme prépositionnelle** fait également la différence entre les personnes et les choses. Pour les personnes, la préposition précède *wer* (qui se met au cas exigé par elle). Pour les « choses » (objets, sentiments, concepts), on emploie la forme composée *wo* + préposition (en un mot).

***Mit wem** sprichst du?* (avec qui ?) — ***Womit** spielst du?* (avec quoi ?)
An wen** denkst du?* (à qui ?) — ***Woran denkst du?* (à quoi ?)

* Si la préposition commence par une voyelle, on intercale un *-r* : *wo-r-an*, *wo-r-auf*, etc.

• ***welcher?**, welche?, welches?, pl. welche?* (lequel ? laquelle ?...)
Ce pronom interrogatif se comporte exactement comme l'adjectif interrogatif *welcher?* (quel ?). Il suit la déclinaison de l'article défini :

*Ich habe einen guten Film gesehen. **Welchen?***
J'ai vu un bon film. Lequel ?

*Er war mit seiner Freundin im Konzert. **Mit welcher?***
Il était au concert avec son amie. Avec laquelle ?

*Hier sind zwei Bücher. **Welches** wählst du?*
Voici deux livres. Lequel choisiras-tu ?

6 LES PRONOMS RELATIFS

Le pronom relatif introduit toujours une proposition subordonnée. À l'exception du datif pluriel et de tous les génitifs (saxons), sa déclinaison (et sa forme) est identique à celle de l'article défini :

	masculin	féminin	neutre	pluriel
N	der	die	das	die
A	den	die	das	die
D	dem	der	dem	**denen**
G	**dessen**	**deren**	**dessen**	**deren**

Pour savoir comment passer de ce tableau à la pratique, référez-vous à la rubrique « proposition relative », dans la Quatrième Partie, p. 137.

III. L'ADJECTIF

1 LES DEGRÉS DE COMPARAISON

L'allemand distingue, comme le français, entre :

– le positif	***klein*** (petit)
– le comparatif d'égalité	***so klein wie*** (aussi petit que)
	nicht so klein wie (pas aussi petit que)
– le comparatif de supériorité	***kleiner als*** (plus petit que)
– le comparatif d'infériorité	***weniger klein als*** (moins petit que)
– le superlatif	***der kleinste*** (le plus petit)

• La langue allemande forme son **comparatif de supériorité** en ajoutant ***-er*** à l'adjectif. (*klein – klein / er*).

Elle forme son **superlatif** en ajoutant ***-ste*** à l'adjectif (*klein – der klein -ste*).
Certains adjectifs prennent alors une **inflexion** (*arm – ärmer – der ärmste*).
Ce sont en général des adjectifs à une seule syllabe comme :
lang, kurz, groß, jung, alt, stark, schwach, warm, kalt, etc., mais il faut les apprendre un à un.

• **Le superlatif de l'attribut et de l'adverbe** est spécifique en allemand :

Im Sommer sind die Tage ***am längsten.*** : En été, les jours sont les plus longs.
Er läuft ***am schnellsten*** *von allen.* : Il court le plus vite de tous.

Cette forme adverbiale est invariable.

• Trois adjectifs / adverbes sont **irréguliers**, d'autres peuvent présenter des particularités phonétiques ou orthographiques : (voir gras de certains mots dans ce tableau).

gut	***besser***	***der beste***	***am besten***	(bien / bon)
viel	***mehr***		***am meisten***	(beaucoup)
gern	***lieber***		***am liebsten***	(volontiers)
nah	*näher*	*der nächste*	*am nächsten*	(proche)
hoch	*höher*	*der höchste*	*am höchsten*	(haut)
groß	*größer*	*der größte*	*am größten*	(grand)
kurz	*kürzer*	*der kürzeste*	*am kürzesten*	(court)

• Le comparatif de supériorité et d'infériorité sont suivis de ***als***, le comparatif d'égalité (à l'affirmative comme à la négative) de ***wenn***. Comme le français emploie « que » dans les deux cas, il faut donc faire attention : **après « *so...* », toujours « ... *wie* »** !

*Er ist **größer als** sein Bruder, aber **weniger** stark **als** er.*
Il est plus grand **que** son frère, mais moins fort **que** lui.

*Er ist **so** groß **wie** sein Bruder, aber **nicht so** stark **wie** er.*
Il est **aussi** grand **que** son frère, mais **pas aussi** fort **que** lui.

Pour ce qui est du **comparatif d'infériorité** (« moins fort que »), l'Allemand peut certes dire : ***weniger** stark **als***, mais il préfère nettement la négation du comparatif d'égalité : ***nicht so** stark **wie***.

QUELQUES TOURNURES PARTICULIÈRES

• « **de plus en plus** » se traduit :

– soit par *immer mehr* + substantif ou verbe,
– soit par *immer* + adjectif au comparatif :

*Er arbeitet **immer mehr** und verdient **immer mehr** Geld.*
Il travaille de plus en plus et gagne de plus en plus d'argent.

*Er läuft **immer schneller**. Es geht ihm **immer besser**.*
Il court de plus en plus vite. Il va de mieux en mieux.

• « **de moins en moins** » se traduit par :

– *immer weniger* + substantif, verbe ou adjectif :

*Er arbeitet **immer weniger** und verdient **immer weniger** Geld : es geht ihm also **immer weniger** gut.*

• « **trop** » / « **beaucoup trop** » se traduisent :

– soit par *zu viel / viel zu viel* + substantif ou verbe
– soit par *zu / viel zu* + adjectif

*Du arbeitest **zu viel**! Ja, ich habe **viel zu viel** Arbeit.*
Tu travailles trop ! Oui, j'ai beaucoup trop de travail.

*Er ist **(viel) zu** jung, um diese weite Reise ganz allein zu machen.*
Il est (beaucoup) trop jeune pour faire tout seul ce long voyage.

• « très beaucoup » (sic)

Il peut arriver qu'un Allemand parlant français dise : « J'ai très beaucoup de travail. Je travaille très beaucoup. » C'est qu'en allemand, *sehr* (« très ») est en effet toujours suivi soit de *viel / wenig* (« beaucoup » / « peu »), soit d'un adjectif.

> *Ich habe **sehr viel Arbeit**. Ich arbeite **sehr viel**.*
> J'ai énormément de travail. Je travaille énormément.
>
> *Ich bin also **sehr müde**. Ich habe **sehr wenig Zeit**.*
> Je suis donc très fatigué. J'ai très peu de temps.

LA COMPARAISON

Ce qui pose souvent problème aux Français, c'est de se souvenir, dans la pratique, que **deux termes comparés sont toujours au même cas**. Comme c'est la même chose dans les deux langues, il n'y a donc pas de problème, en fait. Sauf celui de la forme accentuée du pronom personnel français (« moi », « toi », « lui », « eux »), et celui de l'inattention (phénomène universel).

> ***Er** ist größer als **ich**.* (*N*)
> Il est plus grand que **moi**. (entendez : que **je** ne le suis)
>
> *Ich kenne **dich** nicht so gut wie **ihn**.* (*A*)
> Je ne te connais pas aussi bien que **lui**. (entendez : que je ne **le** connais)
>
> *Ich möchte lieber **einen** Fußball als **einen** Tennisschläger.* (*A*)
> Je voudrais plutôt un ballon de foot qu'une raquette de tennis.
>
> *Er schreibt **seinem** Bruder öfter als **seiner** Schwester.* (*D*)
> Il écrit plus souvent à son frère qu'à sa sœur.
>
> *Er liebte **ihn** (ebenso) wie **seinen eigenen** Sohn.* (*A*)
> Il l'aimait (autant que) comme son propre fils.

➳ COMMENT TRADUIRE « AIMER » / « PRÉFÉRER » ?

L'Allemand ne met pas tous ses « amours » dans le même sac, et fait de plus la différence entre 1.« aimer quelqu'un / quelque chose », et 2.« aimer faire ».

1.• ***lieben*** + A : aimer d'amour, d'une affection intense

Ich liebe dich! : Je t'aime !
Ich liebe diese Musik! : J'aime (j'adore) cette musique !

• ***mögen*** + A : aimer bien, apprécier

Ich mag ihn nicht : Je ne l'aime pas (il ne me revient pas).
Ich mag keine süßen Sachen. : Je n'aime pas ce qui est sucré.

• ***gern haben*** + A : aimer bien (préférer)

• ***lieber haben*** + A : préférer (entre deux choses)

• ***am liebsten haben*** + A : préférer (de tout)

Ich mag Peter, aber Rolf hab' ich lieber. : J'aime bien P., mais je préfère R.
Hunde habe ich lieber als Katzen. : Je préfère les chiens aux chats.

2.• ***gern*** (*lieber, am liebsten*) **+ verbe** : aimer (préférer) faire qqch.
L'adverbe précède alors le groupe verbal :
• ***lieber*** **+ verbe** : préférer (entre deux choses)
• ***am liebsten*** + verbe : préférer (de tout)

gern lesen : aimer lire
lieber Radio hören : préferer écouter la radio
am liebsten fernsehen : préférer (de tout) regarder la télévision

Ich gehe nicht gern zu Schule, ich würde lieber schon arbeiten.
Je n'aime pas aller à l'école, je préférerais travailler déjà.

Sonntags gehe ich am liebsten mit Freunden aus.
Le dimanche, ce que je préfère, c'est sortir avec des amis.

Was tust du lieber : schifahren oder eislaufen?
Que préfères-tu : faire du ski ou du patinage ?

Und was tust du am liebsten? Am liebsten gehe ich spazieren.
Et qu'aimes-tu (faire) par-dessus tout ? Je préfère aller me promener.

Seul ***lieben*** (déjà intense) **ne peut pas se combiner avec *gern.***

• ***ich möchte*** (subj. II de ***mögen***) + infinitif : désirer faire.

Er möchte (gern) Schauspieler werden. : Il aimerait (bien) devenir acteur.
Ich möchte jetzt aufhören. : J'aimerais arrêter maintenant.

2 *LA DÉCLINAISON DE L'ADJECTIF ÉPITHÈTE*

C'est la bête noire des germanistes toute catégorie ! Injustement d'ailleurs, car rien n'est plus logique que le comportement de l'adjectif (ou du participe, présent ou passé) épithète.

Rappelons, pour commencer, sa localisation : **il est toujours placé avant le nom** et se trouve donc coincé entre le déterminatif (article ou équivalent) et ce nom. Comme si cette position inconfortable ne lui suffisait pas, **il se décline**.

Soit. Mais ce n'est pas la peine d'en faire un fromage ! **Il suffit de retenir deux choses**, et tout devient logique, donc simple.

1. Aux trois N du singulier et à l'A du féminin et du neutre, l'adjectif précédé de l'article défini prend la marque ***-e*** (soit 5 fois).

Aux autres cas du singulier, et à tous les cas du pluriel, il prend la marque ***-n***, sa position de repos en quelque sorte.

2. L'adjectif est un paresseux. Sauf dans les cinq cas que je viens d'énumérer, il ne quitte son *-n* que lorsqu'un déterminatif ne fait pas son travail, ou quand il n'y a pas de déterminatif du tout.

Comme nous savons que l'article indéfini *ein* (ainsi que *kein* et l'adjectif possessif) n'a pas de marque au N masculin ni aux N et A neutre (donc 3 fois en tout), l'adjectif se charge de nous signaler si nous sommes en présence d'un nom masculin (marque *-r*) ou neutre (marque *-s*).

der alte Freund – ein alter Freund – mein alter Freund ; Ihr alter Freund
das kleine Kind – ein kleines Kind – unser kleines Kind
die gute Idee – eine gute Idee – eure gute Idee
(*der*) *Kaffee – schwarzer Kaffee ;* (*das*) *Brot – frisches Brot*
(*die*) *Milch – warme Milch ;* (*die*) *Würstchen* (*pl.*) *– heiße Würstchen*

TABLEAU DE DÉCLINAISON

1. Adjectif précédé d'un **article défini**, d'un démonstratif (*dieser, jener*) d'un interrogatif (*welcher?*) :

	masculin	féminin	neutre	pluriel
N	der erste Tag	die weite Reise	das gute Buch	die alten Freunde
A	den ersten Tag	die weite Reise	das gute Buch	die alten Freunde
D	dem ersten Tag	der weiten Reise	dem guten Buch	den alten Freunden
G	des ersten Tags	der weiten Reise	des guten Buchs	der alten Freunde

2. Adjectif précédé de l'**article indéfini**, de *kein* ou d'un adjectif possessif :

	masculin	féminin	neutre	pluriel
N	ein neuer Hut	eine schöne Frau	ein rotes Kleid	-n partout
A	einen neuen Hut	eine schöne Frau	ein rotes Kleid	
D/G : -n partout, mais n'oubliez pas les marques du nom !				

3. Adjectif **non précédé d'un détermintif** :

	masculin	féminin	neutre	pluriel
N	roter Wein	deutsche Wurst	frisches Brot	heiße Würstchen
A	roten Wein	deutsche Wurst	frisches Brot	heiße Würstchen
D	rotem Wein	deutscher Wurst	frischem Brot	heißen Würstchen
G	roten Weins	deutscher Wurst	frischen Brots	heißer Würstchen

Le génitif singulier (masc. et neutre) confirme la « paresse » de l'adjectif : le nom prenant la marque, il se repose.

Vous verrez que très bientôt vous n'aurez plus besoin de ces tableaux. La logique suffit. Mais insistons encore sur deux points :

1. Lorsque **plusieurs adjectifs se suivent**, ils portent tous la marque :

*heiß**er**, süß**er**, schwarz**er** Kaffee* : du café noir, sucré et chaud
*mit klar**em**, kalt**em** Wasser* : avec de l'eau froide et claire

2. **Au pluriel** :

- Après ***alle*** (tous les), ***sämtliche*** (tous les) et ***beide*** (tous les deux) qui se déclinent comme l'article défini, **l'adjectif prend *-n*** à tous les cas :

*alle Deutsche**n** ; sämtliche alte**n** Leute ; beide graue**n** Mäuse*

- Après les déterminatifs de quantité ***viele*** (beaucoup de), ***mehrere*** (plusieurs), ***einige*** (quelques-uns), ***wenige*** (peu de) qui se déclinent comme l'article défini, l'adjectif prend également **la marque du cas** (ce qui fait double emploi, mais c'est ainsi) :

viele kleine Kinder ; einige Deutsche ; wenige gute Meldungen

- Après ***ein paar*** (quelques), et **les nombres** (*zwei, drei, vier,* etc.) qui sont invariables, l'adjectif prend forcément la marque du cas :

ein paar alte Fotos ; zehn kleine Negerlein

- Attention : ***alle*** peut être suivi d'un deuxième déterminatif. Les deux prennent alors la même marque :

***Alle diese** Geschichten sind doch uralt*!*
Toutes ces histoires sont archivieilles, voyons !

*Die Farben **aller dieser** Fotos sind zu dunkel*!*
Les couleurs de toutes ces photos sont trop sombres !

*Ich schenke dir **alle meine (alten)** Kleider.*
Je te fais cadeau de tous mes (vieux) habits.

* Nous rappelons que l'adjectif attribut est invariable.

• **Les adjectifs dérivés de noms de lieu sont invariables.**

Berlin : die Berliner Mauer ; auf der Berliner Mauer
Wien : der Wiener Walzer ; mit einem Wiener Akzent

3 *L'ADJECTIF SUBSTANTIVÉ*

Il me reste à vous présenter une catégorie spéciale d'adjectifs : l'adjectif substantivé (que nous écrirons **Adjectif**). Il s'agit d'une émancipation partielle : certains adjectifs (ou participes) épithètes, insatisfaits de leur statut d'adjoint, ont envoyé leur maître-nom sur les roses et se sont emparés de sa majuscule. Ils sont donc devenu substantifs. Mais leurs origines adjectives leur collent à la peau : ils se déclinent !

L'ADJECTIF SUBSTANTIVÉ DÉSIGNANT UNE PERSONNE

L'ironie du sort veut que l'Allemand lui-même est un tel parvenu : L'adjectif « *deutsch* » désignait en effet longtemps la langue du peuple, par opposition au latin de l'Église et des érudits. On disait donc « *ein Deutscher* », comme on dit, en français, « un pauvre » ou « un riche ». Majuscule et déclinaison en plus. Ainsi, l'Allemand se décline : ***der Deutsche**, die Deutschen, ein Deutscher, alle Deutschen, viele Deutsche*, etc., tout comme *der Bekannte* (l'ami, la connaissance, litt. « le connu »), *der Reisende* (le voyageur, litt. « le voyageant »), *der Beamte* (le fonctionnaire), *der Arbeitslose* (le chômeur, litt. « le sans-travail »), *der Jugendliche* (l'adolescent), *der Angestellte* (l'employé), etc.

Comment reconnaître cet Adjectif qui fait son pluriel en *-n* comme un masculin faible ?

En sachant qu'il s'agit toujours de qualités de personnes et qu'on peut donc toujours revenir au groupe nominal d'origine en ajoutant un substantif (*Mann, Frau, Leute*).

der Jugendliche	*der jugendliche Mann*
ein Deutscher	*ein deutscher Bürger*
eine Reisende	*eine reisende Frau*
alle Deutschen	*alle deutschen Bürger*
viele Arbeitslose	*viele arbeitslose Leute*

L'ADJECTIF SUBSTANTIVÉ NEUTRE

L'adjectif substantivé ne se réfère pas forcément à une personne. On peut aussi, comme en français, substantiver **la qualité d'une chose, d'une idée, d'un sentiment** : « le beau », « le bien », le « merveilleux » : *das Schöne, das Gute, das Wunderbare.* L'Adjectif est alors du genre neutre, prend (bien sûr) une majuscule, et se décline. Il peut être

• précédé de l'article défini ou de ***alles*** :

> *das Gute **und** das Böse*
> le bien et le mal
>
> *Alles Gute zum Geburtstag!*
> Bon anniversaire !
>
> *von allem Neuen*
> de tout ce qu'il y a de nouveau

• précédé de ***viel*** (beaucoup de + sg.), ***etwas*** (quelque chose de) ou ***nichts*** (rien de) qui sont invariables. L'Adjectif prend donc la marque du cas :

> *Ich habe **viel Interessantes** gesehen.*
> J'ai vu beaucoup de choses intéressantes.
>
> *Haben Sie **etwas Neues** vorzuschlagen?*
> Avez-vous à proposer quelque chose de nouveau ?
>
> *Ich kenne **nichts Schöneres** als das Meer.*
> Je ne connais rien de plus beau que la mer.
>
> *Sprechen wir von **etwas anderem**!**
> Parlons d'autre chose !

* **Pas de majuscule pour** *etwas / nichts anderes* (qqch / rien d'autre).

À VOS MARQUES !

Ajoutez les marques des adjectifs en tenant compte du travail déjà fait par les déterminatifs (attention aux contractions du genre *zu* + *der* = *zur*). Les genres des mots sont, si besoin est, marqués entre parenthèses (*m*, *f*, *n*,). Vérifiez, puis relisez plusieurs fois à voix haute.

• **L'adjectif épithète :**

1. Der schwer... Unfall passierte vor unserem Haus.
2. Bei diesem schwer ... Unfall gab es drei Tote.
3. In welcher deutsch ... Zeitung hast du das gelesen?
4. Wie lange brauchen wir bis zur nächst ... Tankstelle?
5. An den deutsch ... Autobahnen liegen viele gut ... Raststätten.
6. Im Laufe der nächst ... Woche besuche ich dich einmal.
7. Thomas ist unser neu ... Trainer. (entraîneur)
8. Goethe ist einer der größt ... deutsch ... Dichter. (poètes)
9. Kein einzig ... Schüler konnte diese schwierig ... Aufgabe lösen.
10. Ich kenne kein schöner ... Land (n) als Frankreich!
11. Wir haben in unseren letzt ... Ferien keine lang ... Fahrten gemacht.
12. Warum verkauft dein Vater sein alt ... Auto (n) nicht?
13. Gibt es ein gut ... Mittel (n) gegen diese gefährlich ... Krankheit?
14. Mein lieb ... Peter, wie willst du das in so kurz ... Zeit (f) machen?
15. Bei schlecht ... Wetter (n) findet die geplant ... Reise nicht statt.
16. Diese Übung ist schwer ..., aber sie macht mir groß ... Spaß (m).
17. Viele amerikanisch ... Touristen besuchen unser schön ... Paris.
18. Ich habe letzt ... Woche (f) eine ganz ... modern ... Kirche gesehen.
19. Elsa sucht einen neu ... Freund ; der alt ... hat sie verlassen.(quitté)
20. Mit groß ... Interesse (n) lese ich gerade sein letzt ... Buch (n).

• **L'adjectif substantivé** (personnes ou non) :

1. Herr Müller ist ein gut ... Bekannt ... meines Vaters.
2. Unser Deutschlehrer ist mit einer Deutsch ... verheiratet.
3. Alle Reisend ... waren englisch ... Jugendlich ... .
4. Diese Jugendlich ... hatten noch nie so etwas Gut ... gegessen.
5. Dieser jung ... Angestellt ... erzählt immer etwas Interessant ... .
6. Die Zahl der Tot ... und Verwundet ... (blessés) ist noch unbekannt.
7. Einstein war ein groß ... Gelehrt ... (savant).
8. Kennst du den berühmt ... Roman : « Im Westen nichts Neu ... »?
9. Viele jung ... Deutsch ... arbeiten ein Jahr im Ausland. (à l'étranger)
10. Diese Deutsch ... können dort viel Schön ... sehen und erleben.

4 LES COMPLÉMENTS DE L'ADJECTIF (RÉGIME)

Comme les verbes, les adjectifs régissent pour leur complément (prépositionnel ou non) un certain cas. Autrement dit, eux aussi ont leur « régime » ou leur « rection ».

Comme pour les verbes, la liste est longue. Nous en donnons une (fort modeste) en annexe, mais nous vous invitons à faire vous-même votre première liste à partir des phrases proposées ci-contre. Vous compléterez cette liste au fur et à mesure de vos leçons et lectures dans l'espace réservé sur cette page.

jemandem / einer Sache ähnlich sein — ressembler à

➪ ....

➪ ....

➪ ....

➪ ....

➪ ....

➪ ....

➪ ....

➪ ....

➪ ....

➪ ....

➪ ....

➪ ....

➪ ....

➪ ....

➪ ....

➪ ....

➪ ....

➪ ....

➪ ....

➪ ....

➪ ....

➪ ....

➪ ....

➪ ....

➪ ....

➪ ....

➪ ....

➪ ....

➪ ....

➡ *EXERCICE À L'ENVERS*

Dans les phrases qui vont suivre, surlignez l'adjectif et son complément (avec ou sans préposition). Notez l'adjectif et son régime. Mémorisez.

1. Dieser Mann ist mir bekannt. — connu à qqn
   ➡ *jdm bekannt sein*
2. Er war tagelang böse auf mich. — fâché contre
   ➡ ....
3. Ich bin mit diesem Minister verwandt. — apparenté à
   ➡ ....
4. Er war krank vor Eifersucht. — malade de
   ➡ ....
5. Sie ist zu allem fähig. — capable de
   ➡ ....
6. Ich bin meines Irrtums bewußt. — conscient de
   ➡ ....
7. Er ist eifersüchtig auf sein Frau. — jaloux de
   ➡ ....
8. Ich bin dankbar für jeden Rat. — reconnaissant de qqch
   ➡ ....
9. Es ist mir egal, ob er kommt oder nicht. — égal, indifférent
   ➡ ....
10. Dieser Ring ist keinen Pfennig wert. — valoir qqch
    ➡ ....
11. Er ist in dieses Mädchen verliebt. — amoureux de
    ➡ ....
12. Wann bist du mit der Arbeit fertig? — avoir terminé
    ➡ ....
13. Er war zu der Alten sehr höflich. — poli envers
    ➡ ....
14. Ich bin traurig über seinen Tod. — triste de
    ➡ ....
15. Es ist mir klar, daß er recht hat. — clair pour qqn
    ➡ ....
16. Das Baby ist erst einen Monat alt. — être âgé de
    ➡ ....
17. Es ist mir unmöglich, zu kommen. — impossible à qqn
    ➡ ....
18. Sie wohnt nicht weit von ihrer Schule. — loin de
    ➡ ....
19. Rom ist reich an schönen Bauten. — riche en
    ➡ ....
20. Ich bin mit dem Resultat zufrieden. — satisfait de
    ➡ ....

IV. LES NOMBRES / LA DATE

1 LES NOMBRES

• Les nombres cardinaux

null	0	acht	8	sechzehn	16	sechzig	60
eins	1	neun	9	siebzehn	17	siebzig	70
zwei	2	zehn	10	achtzehn	18	achtzig	80
drei	3	elf	11	neunzehn	19	neunzig	90
vier	4	zwölf	12	zwanzig	20	hundert	100
fünf	5	dreizehn	13	dreißig	30	tausend	1000
sechs	6	vierzehn	14	vierzig	40		
sieben	7	fünfzehn	15	fünfzig	50		

1 : *eins*
21 : *einundzwanzig*
100 : (*ein*)*hundert*
263 : *zweihundertdreiundsechzig*
1945 : *neunzehnhundertfünfundvierzig* (millésime)
1286 DM : *eintausendzweihundertsechsundachzig D-Mark*

• Les nombres ordinaux

– de 1 à 19, on ajoute **-te** au nombre cardinal. Mais attention à :

der erste (1.) : le premier
der dritte (3.) : le troisième
der achte (8.) : le huitième

N.B. : les nombres ordinaux se déclinent :

mit dem ersten / letzten Zug : avec le premier / dernier train

– à partir de 20, on ajoute **-ste** :

der 23. (*dreiundzwanzigste*) : le 23^{e}
das 20. (*zwanzigste*) *Jahrhundert* : le XXe siècle
Franz I. (*Franz der Erste*) : François 1er

En allemand, les chiffres romains sont réservés aux Princes de ce monde, et aux papes. Les terminaisons indiquées se prononcent, mais ne s'écrivent pas : **un point, c'est tout**. Retenez cependant cette tournure particulière :

jeder zweite ; jeder dritte, ... : un sur deux ; un sur trois, ...

• Les formes adverbiales / pronominales

erstens, zweitens, drittens, etc. : premièrement, deuxièmement, etc.
zum erstenmal / zum letztenmal : pour la première / dernière fois

2 *FRACTIONS ET MULTIPLES*

• Les fractions

À l'exception de 1/2, on ajoute **-(e) l** au nombre ordinal :

die Hälfte (*-n*) : la moitié
ein Drittel (*das Drittel*) *; ein Viertel* : un tiers, un quart
ein Zwanzigstel : un vingtième
3,5 : *dreieinhalb* : trois et demi
3,5 : *drei Komma fünf* : trois virgule (point) cinq
Ich hatte nur halb so viel. : J'en avais moitié moins.
eineinhalb : un et demi
das Dutzend : la douzaine
ein halbes Dutzend : une demi-douzaine

• Les multiples

einmal, zweimal, hundertmal : une fois, deux fois, cent fois
Ich habe zweimal so viel wie er. : J'en ai deux fois plus que lui.
Ich habe doppelt so viel wie er. : J'ai le double de lui.
Ich habe das schon hundertmal gesagt. : Je l'ai dit cent fois déjà.
Es gab da vielerlei Getränke. : Il y avait toutes sortes de boissons.

3 *LES JOURS, L'HEURE, LA DATE*

• Les jours de la semaine, les mois et l'heure

Les saisons, les jours de la semaine et les mois sont du genre masculin. Pour les jours, le complément est introduit par ***an*** + D, pour les saisons et les mois par ***in*** +D, l'heure est introduite par ***um***.

am Montag ; an diesem Dienstag (ce mardi-là),
im *Mai,* ***im*** *Sommer ;* ***mitten im*** *Winter* (en plein hiver),
mais : *Ende September / Anfang Mai* (fin septembre / début mai).
Er kam nicht ***um*** *vier* (*Uhr*)*, er kam erst* ***um halb fünf*****.*
Il n'arriva pas à quatre heures, il ne vint qu'à **quatre heures et demie***.

* Vous remarquez que les Allemands donnent l'heure qui **va** sonner.

• La date

On emploie le **nombre ordinal** qui se décline comme un adjectif épithète.

> *Ich bin* ***am*** *22. April 1980 geboren. (am zweiundzwanzigsten)*
> *Heute haben wir* ***den*** *12. Juni. (den zwölften)*
> *Kommen Sie bitte* ***am*** *Montag,* ***den*** *25. September.*
> *Ich werde* ***vom 3. bis zum*** *30. März in Berlin sein.*
> *Rufen Sie mich bitte noch* ***vor dem 1. Mai*** *an! (dem ersten)*
> *Ich werde Sie* ***zwischen dem 8. und dem*** *12. Juli besuchen.*
> ***Der 1. Januar*** *ist der erste Tag des Jahres. (der erste Januar)*

LA STRUCTURE DE LA PHRASE ALLEMANDE (Syntaxe)

I. DU GROUPE VERBAL À LA PHRASE

Nous avons insisté dès le début de ce livre sur une donnée de base de la langue allemande : la structure régressive.

Cette « loi fondamentale » place le groupe verbal en fin de proposition. La structure de ce groupe verbal est elle aussi régressive, c'est-à-dire inversée par rapport au français :

mit seiner Frau ins Theater gehen : aller au théâtre avec sa femme

Il faut cependant distinguer **la partie conjuguée du groupe verbal** (appelée aussi « noyau verbal » et **que nous allons appeler « verbe »**) du reste du groupe. Ce « verbe » peut avoir à se détacher de son groupe et nous sommes alors en présence d'un phénomène pour lequel les images ne manquent pas : « éclatement », « grand écart », « pince », « étreinte », ... vous avez le choix.

1 LA PLACE DU VERBE

Cette place, nous l'avons déjà dit, est soumise à des règles spécifiques et très strictes. En revanche, l'agencement des autres éléments de la phrase peut être considéré comme étant plus souple qu'en français.

• **Le verbe est en première position** :

– dans l'interrogation globale (on répond par « oui » ou par « non »)
– à l'impératif
– dans une subordonnée conditionnelle construite sans *wenn* (« si »)

Kommst** du morgen mit uns ins Konzert?* (*ins Konzert **kommen)
Fährst** du schon heute ab?* (*ab/**fahren)
Sing** doch nicht immer dasselbe Lied!* (*dasselbe Lied **singen)
[Wenn es regnet, bleiben wir zu Hause.]
***Regnet** es, (so) bleiben wir zu Hause**. : S'il pleut, nous restons à la maison.

* Une phrase qui commence par un verbe sans être ni une interrogative ni une impérative vous signale donc qu'il y a « construction sans *wenn* ».

• **Le verbe est à la deuxième place** :

– dans l'interrogative partielle (introduite par un interrogatif)
– dans l'énonciative, affirmative ou négative. Le premier élément n'est alors pas forcément le sujet : ce peut être un adverbe, un complément (circonstantiel ou non), voire une proposition subordonnée. Le sujet vient alors se placer après le verbe.

nach Berlin fahren :		
Er	fährt	nach Berlin.
Vielleicht	fährt er	nach Berlin.
Wann	fährt er	nach Berlin?
In einer Woche	fährt er	nach Berlin.
Wenn er Zeit hat,	fährt er	nach Berlin.

die Freundin an/rufen :		
Petra	ruft	ihre Freundin an.
Petra	will	ihre Freundin anrufen.
Petra	hat	ihre Freundin angerufen.
Natürlich	wird Petra	ihre Freundin anrufen.
Warum	soll Petra	ihre Freundin anrufen?
Obwohl es spät ist,	will Petra	ihre Freundin anrufen.

N.B. : ***nämlich*** (« en effet », « c'est que », « il est vrai que ») et ***sowieso*** (« de toutes façons ») ne peuvent pas figurer en tête de phrase :

*Ich hätte sie **sowieso** angerufen.*
De toutes façons je l'aurais appelée.

*Ich mußte ihr **nämlich** etwas Wichtiges sagen.*
C'est que je devais lui dire quelque chose d'important.

En revanche, ***auch*** (« aussi », « également ») se met en tête de phrase, mais ne « compte » pas : il fait corps avec le mot qu'il précède :

***Auch ich** habe ihr etwas zu sagen.*
Moi aussi j'ai quelque chose à lui dire.

***Auch einem Freund kann man nicht** alles sagen.*
À un ami non plus, on ne peut pas tout dire.

*Es ist wahr, **auch wenn du es nicht** glaubst.*
C'est vrai, **même si** tu ne le crois pas.

• **Le verbe est en dernière position** :

– dans le groupe infinitif
– dans la proposition subordonnée

*Ich habe vergessen, dir etwas Wichtiges **zu sagen**.*
J'ai oublié de te dire quelque chose d'important.

*Ich weiß, **daß** man auch einem Freund nicht alles sagen **kann**.*
Je sais que même à un ami, on ne peut pas tout dire.

Nous reviendrons en détail à la proposition subordonnée p. 125 à 141.

2 L'INTERROGATION PARTIELLE

Disons d'abord une chose essentielle : **Toute question doit impérativement commencer soit par le verbe, soit par un interrogatif.** Pour un Allemand, rien ne peut devenir question en cours de route. Comparez les deux langues :

***Könntest du** in diesem Fall nicht schon früher kommen?*
Dans ce cas, ne pourrais-tu pas venir (déjà) plus tôt ?

***Wie** soll ich bei einem solchen Lärm arbeiten?*
Avec un bruit pareil, comment veux-tu que je travaille ?

• **Les interrogatifs** les plus courants pour poser une question « ciblée » concernant

– **les personnes** :
wer? (marques de l'article défini masculin *der*)
welcher? (tous cas, tous genres)

Wer ist dieser Mann? : Qui est cet homme ?
Mit wem sprichst du? : Avec qui parles-tu ?
Welches Buch hast du gelesen? : Quel livre as-tu lu ?
Von welchen Büchern sprichst du? : De quels livres parles-tu ?

– **les choses** :
was? (invariable)
womit? worauf? etc. (forme prépositionnelle)
welches ist...? (invariable, ne s'accorde pas)

Was ist in diesem Paket! : Qu'y a-t-il dans ce colis !
Womit spielt das Kind? : Avec quoi l'enfant joue-t-il ?
Welches ist die Hauptstadt Spaniens? : Quelle est la capitale de l'Espagne ?
Welches sind die Metropolen der Welt? : Quelles sont les métropoles du monde ?

– **le temps** :

***Wann** kommt er?*	quand ?
***Bis wann** muß ich warten?*	jusqu'à quand ?
***Ab wann** wirst du da sein?*	à partir de quand ?
***Wie lange** bleibt er?*	combien de temps ?
***Wie oft** gehst du ins Kino?*	combien de fois ?
***Wie spät** ist es?*	Quelle heure est-il ?
***Wieviel Uhr** ist es?*	Quelle heure est-il ?

– **le lieu** :

***Wo** wohnst du?*	où (en quel lieu) ?
***Wohin** gehst du?*	où (vers où) ?
***Woher** weißt du das?*	d'où (provenance) ?

– **la manière** :

***Wie** konnte das passieren?*	comment ?

– **la quantité** :

***Wieviel** kostet das?*	combien ?
***Wie alt** bist du?*	quel âge ? (« combien âgé » ?)
***Wie groß** bist du?*	quelle taille ? (« combien grand » ?)
***Wie schwer** ist dieses Paket?*	quel poids ? (« combien lourd » ?)

N.B. : *wie* + adjectif sont indissociables et constituent ensemble le premier élément de l'interrogation partielle.

– **la cause** :

***Warum** sagst du das?*	pourquoi ? (pour quelle raison ?)

– **le but** :

Wozu brauchst du das?	pourquoi (pour quoi faire) ?

➡ À BONNE QUESTION BONNE RÉPONSE

Lisez chaque phrase, posez oralement la question pour obtenir l'élément souligné en réponse, cochez l'interrogatif adéquat sur la liste ci-après (présentée dans le désordre, bien sûr !) et écrivez la question.

Wo? – Wohin? – Woher? – Wie oft? – Woran? – Wie alt? – Wohin? – Wann? – Bis wann? – Wem? – Von wem? – Wer? – Was? – Wie lange? – Womit? – Wen? – Wieviele? – Welches Stück? – Was? – Wohin?

1. Bertolt Brecht war ein großer deutscher Dramaturg.
   ➡ ....
2. Er ist im Jahre 1898 in Augsburg geboren.
   ➡ ....
3. Nach dem Abitur studierte er zuerst Medizin.
   ➡ ....
4. Im Jahre 1924 zog er nach Berlin.
   ➡ ....
5. Er blieb dort neun Jahre lang.
   ➡ ....
6. Er heiratete die Schauspielerin Helene Weigel.
   ➡ ....
7. Als er 30 war, schrieb er die « Dreigroschenoper ».
   ➡ ....
8. Mit dieser « Oper » wurde er berühmt (célèbre).
   ➡ ....
9. Die Musik wurde von Kurt Weill geschrieben.
   ➡ ....
10. Die Hauptfigur der Oper heißt Mackie Messer.
   ➡ ....
11. Brecht schrieb über zwanzig Theaterstücke.
   ➡ ....
12. Oft nahm er den Stoff (la fable) aus der Geschichte.
   ➡ ....
13. Das Stück « Mutter Courage » spielt im 30jährigen Krieg.
   ➡ ....
14. 1933 mußte Brecht ins Ausland (à l'étranger) fliehen.
   ➡ ....
15. Helene Weigel folgte (suivre) ihrem Mann.
   ➡ ....
16. Brecht mußte mehrmals das Land wechseln (changer).
   ➡ ....
17. Von 1941 bis 1948 lebte er in Amerika.
   ➡ ....
18. Dann kam er nach Deutschland zurück.
   ➡ ....
19. Er gründete in Ostberlin das « Berliner Ensemble ».
   ➡ ....
20. Brecht starb 1956 an einem Herzinfarkt.
   ➡ ....

3 *LA VIRGULE*

En allemand, la virgule est la plupart du temps un outil grammatical. Nous la trouvons

• **après une interjection** (*ja, / nein, / doch, / kurz, / im Gegenteil, / danke, /...*), considérée comme élément « hors construction ». Ce qui veut dire que l'interjection n'a aucune influence sur le déroulement « normal » de la phrase.

> ***Ja,*** *ich habe in Paris die « Mona Lisa » gesehen.*
> Oui, j'ai vu la Joconde à Paris.
>
> ***Nein,*** *auf dieser Reise habe ich keine Fotos gemacht.*
> Non, lors de ce voyage, je n'ai pas fait de photos.
>
> *Warst du nicht da?* ***Doch,*** *ich war da.*
> N'étais-tu pas présent ? Si, j'étais là.
>
> ***Kurz,*** *er war wieder einmal nicht pünktlich.*
> Bref, une fois de plus, il n'était pas à l'heure.
>
> *Du störst mich nicht,* ***im Gegenteil,*** *ich freue mich über deinen Besuch.*
> Tu ne me déranges pas, au contraire, je suis ravi de ta visite.
>
> *Willst du noch etwas Tee?* ***Danke,*** *ich habe noch welchen!*
> Veux-tu encore du thé ? Merci, j'en ai encore !

• **lors d'une énumération** :

> *Im Zoo sahen wir Bären, Elefanten, Löwen und Tiger.*
> Au zoo, nous avons vu des ours, des éléphants, des lions et des tigres.
>
> *Es waren schöne, reife, saftige Früchte.*
> C'étaient de beaux fruits, mûrs et juteux.

• **entre deux propositions** (deux groupes verbaux) qui se suivent :

> *Ich habe vergessen, meine Freundin anzurufen.*
> J'ai oublié d'appeler mon amie.
>
> *Wir wissen alle, daß er nicht immer pünktlich ist.*
> Nous savons tous qu'il n'est pas toujours à l'heure.

• **de part et d'autre d'une proposition enchassée** :

Une proposition qui vient couper une autre s'insère sans changer ni sa propre structure ni celle de sa proposition « d'accueil » :

> ***Die Frage,*** *ob das eine gute Idee war,* ***bleibt offen.***
> La question (de savoir) si c'était une bonne idée reste ouverte.

Conclusion : Mettre une virgule après un premier élément d'énonciative est une erreur grammaticale ! Comparez les deux langues :

Letztes Jahr waren wir in Italien.
L'année dernière, nous étions en Italie.

In Italien habe ich viele Fotos gemacht.
En Italie, j'ai fait de nombreuses photos.

Le « premier élément » peut être un groupe nominal assez « fourni », mais cela ne change rien à la règle. Comparez les deux phrases ci-après :

Auf meiner letzten Reise nach Italien habe ich einen alten Freund getroffen.
Auf meiner letzten Reise habe ich vergessen, Fotos zu machen.

Un seul groupe verbal dans la première phrase (donc : pas de virgule), deux dans la deuxième (donc : virgule).

4 *LA NÉGATION*

Une remarque de base : à la différence de la « double négation » française (ne ... pas), la négation allemande n'a qu'un seul élément :

nicht : ne ... pas — ***niemand*** : ne ... personne
nichts : ne ... rien — ***nie, niemals*** : ne ... jamais

A ceux qui s'intéressent à l'histoire des langues, je peux dire qu'il n'en fut pas toujours ainsi : ***nicht*** est en effet la contraction d'un ***ne-icht*** d'origine, et le ***n-*** initial de nombre d'adverbes de négation est la trace de ce ***ne*** disparu. A écouter les Français parler, je me demande d'ailleurs s'ils ne perdront pas eux aussi un jour leur « ne ». (« Je sais pas ». « J'ai rien vu. »).

Donc : pas de « double négation » en allemand. Ce qui ne veut pas dire qu'il n'y ait pas des formes combinées :

nicht mehr : ne ... plus — ***keine mehr*** : ne ... plus de

Ich weiß nicht. Ich habe nichts gesehen. Ich kann nicht mehr.
Je ne sais pas. Je n'ai rien vu. Je n'en peux plus.

Ceci dit, la question de **« la place du *nicht* »** remplit des livres entiers ! Mais pour l'essentiel, il suffit de distinguer entre négation globale et négation partielle.

• **La négation globale** porte sur la phrase tout entière, autrement dit sur le groupe verbal : à l'infinitif, ***nicht*** précède directement le groupe verbal. ***Nicht*** porte l'accent fort.

nicht kommen (ne pas venir)	*Ich komme nicht.*
nicht auf / stehen (ne pas se lever)	*Ich stehe nicht auf.*

– Certains déterminants fonctionnent comme des particules séparables. Dans ce cas, *nicht* les précède :

fern/sehen (regarder la télévision)	*Sieht er fern? Nein, er sieht nicht fern.*
gern kommen (aimer venir)	*Kommst du gern? Nein, ich komme nicht gern.*
Tennis spielen (jouer au tennis)	*Spielst du Tennis? Nein, ich spiele nicht Tennis.*
die Wahrheit sagen (dire la vérité)	*Sagt er die Wahrheit? Nein, er sagt nicht die Wahrheit.*

– En cas de déterminant-complément, *nicht* se place **après** le complément non précédé d'une préposition, **avant** le complément précédé d'une préposition. Observez attentivement :

Kaufst du mir das Fahrrad? Nein, ich kaufe dir das Fahrrad ***nicht****.*
Kaufst du es für mich? Nein, ich kaufe es ***nicht*** *für dich.*
Kennst du Amerika? Nein, ich kenne Amerika ***nicht****.*
Fährst du nach Amerika? Nein, ich fahre ***nicht*** *nach Amerika.*
Fährst du das Auto in die Garage? Nein, ich fahre das Auto ***nicht*** *in die Garage.*

• **la négation partielle** porte sur un seul élément de la phrase. *Nicht* se place juste devant et cède l'accent fort à cet élément nié (nous soulignons l'accent).

Kommst du morgen?
Nein, ich komme morgen nicht. (négation globale)
Nein, ich komme nicht morgen (, sondern übermorgen).
Non, ce n'est pas demain que je viendrai (, mais après-demain).

En fait, la négation partielle peut toujours être complétée par ..., *sondern* :

Er repariert nicht mein Fahrrad (, sondern seinen Walkman).
Ce n'est pas mon vélo qu'il répare (, mais son walkman).

NÉGATIONS ET LOCUTIONS NÉGATIVES

question affirmative	réponse négative	traduction
Hast du **einen** Stadtplan?	Nein, ich habe **keinen.**	un ⇔ pas de
Verstehst du **etwas**?	Nein, ich verstehe **nichts.**	qqch ⇔ rien
Warst du **schon** in Rom?	Nein, ich war **noch nicht** in Rom.	déjà ⇔ pas encore
Warst du **schon einmal** in Rom?	Nein, ich war **noch nie** in Rom.	déjà ⇔ encore jamais
Wohnst du **noch immer** da?	Nein, ich wohne **nicht mehr** da.	toujours ⇔ plus
Bist du **endlich** fertig?	Nein, ich bin **noch immer nicht** fertig.	enfin ⇔ toujours pas
Siehst du **jemand(en)**?	Nein, ich sehe **niemand(en).**	qqn ⇔ personne
Ist da **irgendwo** ein WC?	Nein, hier ist **nirgends** eines.	qqpart ⇔ nullepart
Bist du **sehr** hungrig?	Nein, ich bin **gar nicht** hungrig.	très ⇔ pas du tout
Bist du **sehr** müde?	Nein, ich bin **überhaupt nicht** müde.	très ⇔ pas du tout
Siehst du **schon etwas**?	Nein, ich sehe **noch nichts.**	déjà qqch ⇔ encore rien
War **noch jemand** da?	Nein, es war **niemand mehr** da.	encore qqn ⇔ plus personne
Hast du **noch ein** Glas?	Nein, ich habe **kein** Glas **mehr.**	encore un ⇔ plus de
Hast du noch **etwas Zeit**?	Nein, ich habe **keine Zeit** mehr.	encore du ⇔ plus de
Gehst du **noch einmal** hin?	Nein, ich gehe **nie wieder** hin.	encore une fois ⇔ plus jamais
Singst du **noch einmal**?	Nein, ich singe **nicht noch einmal.**	encore une fois ⇔ plus une nouvelle fois

➹ ERST – NUR

Il existe une autre forme de négation partielle : la restriction. En français, elle ressemble en effet à la forme négative (« ne ... que »). En allemand, elle s'exprime par les adverbes ***erst*** et ***nur*** (« ne ... que », « seulement ») qu'il s'agit de ne pas confondre.

Prenons, pour illustrer la différence, la situation suivante : Un ami m'a prêté un livre. Trois jours après, il me demande ce que j'en pense. Je lui réponds : « Je n'en ai lu que trente pages. » Réponse ambiguë, car je peux attendre la suite pour me prononcer, ou avoir abandonné la lecture au bout de trente pages. L'Allemand, lui, est obligé d'être clair :

> *Ich habe **erst** 30 Seiten gelesen.* : Je n'ai lu que 30 pages (pour le moment).
> *Ich habe **nur** 30 Seiten gelesen.* : Je n'ai lu que 30 pages, (et cela m'a suffi !)

• ***nur*** exprime donc une quantité globale, définitive, et cela vaut pour des quantités dénombrables comme pour le temps :

> *Er hat **nur** 30 Mark verdient.* : Il n'a gagné que 30 mark (en tout).
> *Er ist **nur** drei Stunden geblieben.* : Il n'est resté que trois heures (en tout).
> ***Du brauchst nur anzurufen.*** : Tu n'as qu'à téléphoner (c'est tout).

• ***erst*** exprime une quantité provisoire, un moment précis dans le temps :

> *Ich habe **erst die Hälfte** gemacht.* : Je n'en ai fait que la moitié.
> *Er ist **erst um drei Uhr** gekommen.* : Il n'est venu qu'à trois heures.
> *Ich war damals **erst drei Jahre alt**.* : A l'époque, je n'avais que trois ans.
> *Er ist **erst seit einem Jahr** da.* : Il n'est ici que depuis un an.
> *Du brauchst **erst morgen** zu kommen.* : Tu n'as pas besoin de venir avant demain.

Et voici une phrase de thème « scolaire » par excellence, mais vous ne tomberez plus dans ce type de piège :

> Il n'est arrivé qu'à trois heures et n'est resté que trois heures.
> *Er ist* .... (Bravo !)

➡ SAVOIR DIRE NON

Répondez par la négative ou mettez à la forme négative (si possible sans consulter les pages précédentes), vérifiez, donnez-vous une note, recommencez jusqu'à ce que vous ayez la note que vous estimez digne de vous.

1. Ist Peter schon aus der Schule zurück?
   ➡ ....
2. Arbeitest du noch immer in der Hypobank?
   ➡ ....
3. Fahren Sie manchmal (parfois) ins Gebirge?
   ➡ ....
4. Haben Sie etwas zu diesem Thema zu sagen?
   ➡ ....
5. Wohnen Sie in Paris?
   ➡ ....
6. Möchten Sie noch etwas Tee?
   ➡ ....
7. Hat jemand mein Handy (téléphone portable) gesehen?
   ➡ ....
8. Wollen Sie noch ein Bier bestellen (commander)?
   ➡ ....
9. Habt ihr diese Regel endlich verstanden?
   ➡ ....
10. Hat gestern abend noch jemand angerufen?
    ➡ ....
11. Er geht mit seiner Freundin sehr gern ins Konzert.
    ➡ ....
12. Er liebt die moderne Musik.
    ➡ ....
13. Ich freue mich sehr auf seinen Besuch.
    ➡ ....
14. Komm bitte mit uns!
    ➡ ....
15. Sie spricht sehr gut deutsch.
    ➡ ....
16. Er ist ein freundlicher Mensch.
    ➡ ....
17. Ja bitte, ich möchte etwas Milch.
    ➡ ....
18. Ich glaube dir.
    ➡ ....
19. Ich glaube dir alles. (2 possibilités)
    ➡ ....
20. Heute bezahle *ich* die Rechnung. (l'addition)
    ➡ ....

5 L'ORDRE DES COMPLÉMENTS DANS LA PHRASE

- **En principe**

– le complément au **datif** se place **avant** le complément à l'**accusatif**,
– le complément-**pronom** se place **avant** le complément-**nom**,
– **entre pronoms**, c'est **l'accusatif** qui passe **toujours avant le datif**,
– entre compléments circonstantiels, **le temps** passe **avant le lieu**.

Wir erzählen den Kindern eine Geschichte. (D/A)
Wir erzählen ihnen eine Geschichte. (pronom / nom)
Wir erzählen sie den Kindern. (pronom / nom)
Wir erzählen sie ihnen. (A/D)
Er kam letzte Woche aus Berlin zurück.(temps / lieu)

- **Dans la pratique** cependant, seule la règle concernant l'ordre des pronoms entre eux (A avant D) ne connaît jamais d'exception. Pour les autres compléments, il faut se souvenir que l'Allemand énonce la chose la plus importante le plus tard possible dans la proposition. Autrement dit : il « expédie » le (déjà) connu avant d'énoncer l'information nouvelle. Si hier, le Professeur X a fait une conférence dans une salle de cinéma, je peux, en allemand, varier la structure de la phrase pour mettre l'accent sur ce qu'il m'importe de souligner. Comparez et observez l'interrogatif :

Professor X hat gestern in einem Kinosaal einen Vortrag gehalten. (***Was?***)
Er hat den Vortrag gestern in einem Kinosaal gehalten. (***Wo?***)
Professor X hat den Vortrag gestern gehalten. (***Wann?***)
Den Vortrag hat Professor X gehalten. (***Wer?***)

Si ces phrases étaient des réponses à des questions, la partie soulignée (et accentuée) suffirait à donner cette réponse.

La langue française a une autre manière d'insister sur la chose importante : elle la met en exergue (littéralement : elle la sert en « hors d'œuvre »). C'est une construction qui n'existe pas dans la langue allemande courante, (les linguistes la taxent de « gallicisme »). Traduisons, en partant du français :

C'est moi qui ai écrit cet article.
Diesen Artikel habe ich geschrieben.

Ce n'est qu'aujourd'hui qu'il m'a raconté cette histoire.
Diese Geschichte hat er mir erst heute erzählt.

Décider des priorités est affaire de la situation et / ou du locuteur. Ce n'est qu'à force de pratique que l'on s'habitue au phrasé allemand, et prend plaisir à jouer de cette liberté à l'intérieur des règles strictes de la place du verbe.

(A propos : « ce n'est qu'à force de pratique ... » : *erst* ou ***nur*** ... ?
Très bien ! : ***nur*** évidemment : avec de la pratique seulement, rien d'autre.)

6 L'APPOSITION

L'apposition est un goupe nominal « aposé » à un autre groupe nominal (pronom, nom, complément). En allemand :
– elle comporte **toujours un article**, défini ou indéfini, ce qui n'est pas le cas en français (Munich, capitale de la Bavière, ... ; Pierre Dupont, étudiant en médecine, ...) ;
– elle est **entre deux virgules** (ou entre une virgule et le point final) et ne change rien à la structure de la phrase dans laquelle elle s'insère ;
– on doit, avec toute phrase à apposition, pouvoir faire deux énoncés sans changer un seul mot. Je m'explique :

München, die Hauptstadt Bayerns, ist eine schöne Stadt.
1. München ist eine schöne Stadt.
2. Die Hauptstadt Bayerns ist eine schöne Stadt.

Ralf Kluge, ein Medizinstudent, hatte gestern einen Unfall.
1. Ralf Kluge hatte gestern einen Unfall.
2. Ein Medizinstudent hatte gestern einen Unfall.

• Bien sûr, **l'apposition se met toujours au même cas que le nom auquel elle et apposée**. Comme l'apposition suit souvent un nom propre (Guillaume, l'ami de ma sœur ; Claudia, cette tête de mule), il faut donc d'abord déterminer le cas de ce nom propre et l'accorder au genre du nom apposé (Pierre aussi peut être « une » tête de mule).

Das erinnert mich an Wilhelm, den Freund meiner Schwester. (A masc.)
Cela me rappelle Guillaume, l'ami de ma sœur.

Man kann mit Claudia, diesem Dickkopf, nicht darüber sprechen. (D masc.)
Il est impossible d'en parler avec Claudia, cette tête de mûle.

7 LA JUXTAPOSITION

Il est possible de juxaposer deux indépendantes
– **lorsque la conjonction de coordination est sous-entendue** :

Mach schnell, das Taxi ist schon da. [..., denn das Taxi ist schon da.]
Dépèche-toi, [car] le taxi est déjà là.
Es war kalt, niemand war auf der Straße. [..., und niemand war...]
Il faisait froid [et] la rue était déserte.

– **après certains verbes** qui expriment (surtout à la première personne) une opinion, une perception (*glauben, denken, hoffen, wissen, sehen, hören* etc.), la conjonction de subordination ***daß*** est sous-entendue (« construction sans ***daß*** ») :

Ich glaube, er hat mich nicht verstanden.
Ich sehe, du hast meine Worte ernst genommen (pris au sérieux).
Ich hoffe, er hat den Zug noch erreicht (attrapé).
Wir fürchten, er hat den Zug verpaßt (manqué).

• **Toutefois** : si le premier verbe est à la forme négative, on maintient la conjonction *daß* (et on construit une subordonnée) :

Ich glaube nicht, daß er mich verstanden hat.

8 *LA COORDINATION*

Il peut y avoir coordination de mots ou de propositions. Les coordonnants allemands sont :

und (et)	***aber*** (mais)	***doch*** (mais, cependant)
oder (ou bien)	***denn*** (car)	***sondern*** (mais au contraire)

• **La coordination de mots** (verbes, adjectifs, noms...) :

Er stand auf und grüßte.
Nehmen Sie Äpfel oder Trauben?
Es ist kalt, aber sonnig.
Meine Lieblingsfarbe (couleur préférée) *ist nicht grün, sondern blau.*

• **La coordination de propositions** :

On appelle « conjonctions » des mots qui lient, qui font la « jonction » de deux propositions entre elles. Les conjonctions de coordination n'ont aucune influence sur la structure de la phrase. Deux propositions coordonnées sont forcément du même type (affirmative, interrogative, impérative) et du même niveau (principale, subordonnée) :

*Ich kann nicht singen, **denn** ich bin erkältet.*
Je ne peux pas chanter, car je suis enrhumé.

*Ich spiele kein Instrument, **doch** ich höre gern Musik.*
Je ne joue d'aucun instrument, mais j'aime écouter de la musique.

*Begleitest du uns, **oder** bleibst du lieber zu Hause?*
Est-ce que tu nous accompagnes ou préfères-tu rester à la maison ?

*Komm mit, **aber** zieh dich warm an!*
Viens avec nous, mais habille-toi chaudement !

Dans le cas d'une **coordination de deux subordonnées**, les deux gardent leur verbe à la fin. On ne répète en général ni le sujet ni la conjonction (et si on la répète, on reprend la même, alors que le français reprend toute conjonction par « que »). Observez bien et comparez les deux exemples :

Er sagt, ***daß*** *er müde ist,* ***und*** *(**daß** er) gleich zu Bett geht.*
Il dit qu'il est fatigué et qu'il va se coucher tout de suite.

Da *ich müde bin,* ***und*** *(**da** ich) morgen früh aufstehen muß, gehe ich zu Bett.*
Comme je suis fatigué et **que** je dois me lever tôt demain, je vais me coucher.

ABER - SONDERN

Les coordonnants aber et sondern signifient « mais ». Cependant, sondern implique une négation du premier terme et une opposition (exclusive) entre les deux termes coordonnés. Si l'on peut parfaitement ne pas être intelligent, mais beau, on ne peut pas être à la fois petit (pas grand) et grand. L'accent fort est sur les termes coordonnés (nous les soulignons). Donc :

Er wohnt nicht in München, ***sondern*** *in Wien. (München ⇔ Wien)*
Er ist nicht arm, ***sondern*** *reich. (arm ⇔ reich)*
Sie ist nicht schön, ***aber*** *sie hat Charme. (schön + Charme)*

- Toutefois : on emploie toujours *sondern* dans la tournure.
  nicht nur – sondern auch (« non seulement, ... mais aussi »).

Sie ist nicht nur schön, sondern auch intelligent.
Elle n'est pas seulement belle, (mais) elle est aussi intelligente.

Wir haben nicht nur gearbeitet, sondern (wir) hatten auch viel Spaß.
Non seulement nous avons travaillé, mais nous nous sommes aussi bien amusés.

Il est possible de sous-entendre soit le sujet, soit *sondern*.

Er kauft all diese Bücher nicht nur, sondern liest sie auch
Er kauft all diese Bücher nicht nur, er liest sie auch
Il ne se contente pas d'acheter tous ces livres, (mais) il les lit aussi.

9 *LES CORRÉLATIFS*

On appelle corrélatifs des **couples de coordonnants** (tels que « *nicht nur – sondern auch* » que nous venons de citer).

Ils ne posent aucun problème de structure dans la mise en relation entre deux mots.

En revanche, lorsque nous avons à faire à une corrélation entre deux propositions, les choses se compliquent un peu, puisque certains corrélatifs se comportent alors (syntaxiquement) comme des conjonctions de coordination, d'autres comme des adverbes.

La maîtrise de ces structures ne faisant pas partie des bases indispensables, nous en resterons à la mise en corrélation des mots.

- **Les corrélatifs les plus usuels** :

entweder ... oder	soit ... soit ; ou bien ... ou bien
weder ... noch	ni ... ni
sowohl ... als auch	aussi bien ... que ; à la fois ... et
nicht nur ... sondern auch	non seulement ... mais encore

Comme en français, l'accent est sur les termes corrélés, que nous allons souligner :

Sie können entweder warten oder später noch mal anrufen.
Vous pouvez soit attendre, soit rappeler plus tard.

Sie hat weder geschrieben noch angerufen.
Elle n'a ni écrit ni téléphoné.

Eine Möwe kann sowohl fliegen als auch schwimmen.
Une mouette sait à la fois voler et nager.

Ingres war nicht nur Maler, sondern auch Musiker.
Ingres (1780-1867) était non seulement peintre, mais aussi musicien.

10 *LA SUBORDINATION (STRUCTURE)*

Contentons-nous dans un premier temps de quelques remarques de base concernant la structure :

- **Dans la proposition subordonnée, le verbe est à la fin.**

conj.	sujet	compléments	groupe verbal	verbe / aux.
Als	ich	heute früh	ins Büro gefahren	bin, ...
..., wenn	du	mir	dein Auto leihen	kannst.

• **Par rapport à la proposition principale**, trois positions possibles :

– la subordonnée **précède** la principale (et constitue le premier élément de celle-ci) :

conj.	sujet	compl. / gr. vb.	vb.		vb.	suj.	compl.	gr. verb.
Als	ich	im Büro	ankam,		war	der Chef	schon	da.

– La subordonnée **suit** la principale (succession normale) :

sujet	vb.	compl.	gr. verb.		conj.	suj.	compl./gr. vb.	vb.
Ich	kann	Tante Anna	besuchen,		wenn	du	mir dein Auto	leihst.

– La subordonnée **interrompt** la principale (sans en modifier la structure) :

suj.	vb. compl.		prop. relative	gr. verbal
Ich	kann Tante Anna,		die sehr krank ist,	leider nicht besuchen

• **Entre deux propositions, la virgule est obligatoire**.

II. LES PROPOSITIONS SUBORDONNÉES

Il est clair que toute expression un tant soit peu évoluée a recours à la proposition subordonnée, et si vous avez compris le schéma de structure de la subordonnée allemande, ne vous en privez pas. Mais n'en abusez pas non plus. Une phrase n'est pas « meilleure » (ni plus belle ni, soutout, plus claire), parce qu'elle est longue. Et si déjà vous vous lancez, n'en restez pas aux éternelles conjonctions ..., *daß* et ..., *weil*. Variez, puisque c'est toujours la même structure. (voir p. 123)

Quant à ceux qui ont encore du mal à s'y retrouver, je leur dis : patience, cela viendra. La vraie richesse d'une expression n'est pas dans sa complexité structurelle, mais dans son contenu. Ce n'est jamais la grammaire qui vous apprendra à avoir quelque chose à dire. C'est votre envie de dire qui vous apprendra la grammaire. (Fin de la digression introductive.)

1 LES CONJONCTIONS DE SUBORDINATION

Tout d'abord une bonne nouvelle : à tois exceptions près, les conjonctions de subordination allemandes sont toutes suivies d'un verbe à l'indicatif. Ne vous laissez donc pas impressionner par les « quoi que je sois », « bien que je veuille » et autres « pourvu que je sache » français.

conjonctions suivies de l'indicatif	
daß (que)	*Ich weiß, daß ich nichts weiß.*
weil (parce que)	*Ich kann nicht kommen, weil ich krank bin.*
da (comme)	*Da ich krank bin, kann ich nicht kommen.*
ob (si interrogatif)	*Ich frage mich, ob er verstanden hat.*
wenn (si conditionnel)	*Wenn du willst, kannst du mitkommen.*
obwohl (bien que)	*Obwohl er falsch singt, singt er gern.*
während (tandis que)	*Wir essen zu viel, während andere hungern.*
seit (depuis que)	*Seit er eine Freundin hat, geht es ihm gut.*
wenn (quand, chaque fois que)	*Wenn er liest, sieht und hört er nichts mehr.*
als (lorsque, au moment où)	*Er kam nach Paris, als er neun Jahre alt war.*
bevor (avant que)	*Ruf mich an, bevor du kommst!*
nachdem (après que)	*Nachdem er gegessen hatte, las er die Zeitung.*
bis (jusqu'à ce que)	*Ich kann warten, bis du Zeit für mich hast.*
solange (aussi longtemps que)	*Solange du redest, kann ich nicht arbeiten.*
sooft (aussi souvent que)	*Du kannst mich anrufen, sooft du willst.*
je ..., desto (plus... plus)	*Je älter sie wird, desto schöner ist sie!*

conjonctions suivies du subjonctif II	
als ob* (comme si)	*Er tut, als ob er nichts gehört hätte.*
ohne daß (sans que)	*Er war gekommen, ohne daß ich es gemerkt hätte.*
zu...,als daß (trop pour que) (Tournure assez sophistiquée)	*Du sprichst zu schnell, als daß ich dich verstehen könnte.*
* Important : On peut construire sans « *ob* » ; le verbe se met alors à la place de ce « *ob* » supprimé (toujours au subj. II) : Er tut, **als hätte** er nichts gehört.	

➻ *WENN – ALS*

Nous l'avons déjà dit : imparfait et passé simple français se réunissent, en allemand, en un seul temps : le prétérit. C'est donc aux seules conjonctions *wenn* et *als* qu'il revient de faire, au passé, la différence entre répétition et fait unique, entre action durable et événement ponctuel.

- ***wenn*** (+ passé) veut toujours dire : **chaque fois que**

- ***als*** (+ passé) veut dire : **au moment où**

Wenn er nach Hause kam, begrüßte ihn Bello, sein Schäferhund.
Quand (chaque fois qu') il rentrait, Bello, son berger allemand, le saluait.

Als er nach Hause kam, erfuhr er, daß Bello verschwunden war.
Lorsqu'il arriva à la maison, il apprit que Bello avait disparu.

Als ich klein war, hatte ich Angst vor dem Mond.
Quand j'étais petit (cela ne se répète pas, hélas !), j'avais peur de la lune.

➻ *BEVOR – NACHDEM*

Les conjonctions ***bevor*** et ***nachdem*** (« avant que » et « après que ») sont des conjonctions de subordination et ne sont donc **jamais suivies de l'infinitif**. Elles signifient « avant que » et « après que », peu utilisées en français où l'on préfère la construction infinitive « avant de faire quelque chose » et « après avoir fait quelque chose ». En allemand, il faut construire une subordonnée conjonctive, avec verbe conjugué à la personne et au temps exigés par la principale.

Il faut alors faire attention à la **notion d'antériorité** contenue dans « après que » : « antériorité » signifie que l'action de la subordonnée s'est passée avant celle de la principale. Il y a donc décalage des temps : présent – parfait ; prétérit – plus-que-parfait. Partons du français pour illustrer ces propos :

Avant de quitter le bureau, vous devez signer cette lettre.
Avant que vous ne quittiez le bureau, vous devez signer cette lettre.
Bevor Sie das Büro verlassen, müssen Sie diesen Brief unterschreiben.

Après avoir posté la lettre, **il va** au bureau. (présent)
Après qu'il ait posté la lettre, il va au bureau.
Nachdem** er den Brief **aufgegeben hat (indicatif parfait), ***geht er** ins Büro.*

Après avoir posté la lettre, **il alla** au bureau. (passé)
Après qu'il eut posté la lettre, il alla au bureau.
Nachdem** er den Brief **aufgegeben hatte (plus-que-parf.), ***ging er** ins Büro.*

JE ... DESTO

L'emploi correct du fameux *je ... desto* allemand (« plus ... plus » / « plus » ... moins ») semble être la quadrature du cercle. Essayons d'y voir clair :

• ***je mehr** ... **desto mehr*** est une conjonction de subordination double dont le premier élément (***je mehr***) introduit une subordonnée (verbe à la fin), et dont le corrélatif (***desto mehr / um so mehr***) est « hors construction » (donc immédiatement suivi du verbe de la principale). Voici le schéma :

Proposition subordonnée	Proposition principale
Je mehr – er – im Ausland – arbeitet,	[desto mehr] – verdient – er.
Je mehr Geld – man – hat,	[um so mehr] – gibt – man – aus.
Je mehr – ich – darüber – lese,	[desto weniger] – verstehe – ich.

• ***mehr*** ou ***weniger*** peuvent être complétés par un complément-nom. Celui-ci suit immédiatement le comparatif dont il est partie intégrante :

> ***Je mehr Fragen** sie stellt, **desto weniger Antworten** bekommt sie.*
> Plus elle pose de questions, moins elle reçoit de réponses.

• dès que cela est possible, ***mehr*** est remplacé par le comparatif d'un adjectif qui convient. Cet adjectif suit immédiatement *je* ou ***desto*** :

> ***Je länger** ich dieses Bild betrachte, **um so besser gefällt** es mir.*
> Plus je regarde ce tableau, plus il me plaît. (plus longuement ..., mieux ...)
>
> ***Je lauter** sie schreit, **desto weniger** hört man ihr zu.*
> Plus elle crie, moins on l'écoute. (plus elle crie fort, moins ...)
>
> ***Je tiefer** ich grabe, **desto feuchter** ist der Sand.*
> Plus je creuse (en profondeur), plus le sable est humide.

CONJONCTION / PRÉPOSITION / ADVERBE

Certaines conjonctions de subordination ont de proches parents dans la famille des prépositions et des adverbes. Ne les confondons pas. Ni dans leur morphologie, ni surtout dans leur fonction !

– **la conjonction introduit une subordonnée,**
– **la préposition précède un complément** (nom ou pronom),
– **l'adverbe détermine un verbe ou un adjectif.**

• **conjonctions** :

bevor	avant que	*obwohl, obgleich*	bien que
nachdem	après que	*während*	pendant que
seit	depuis que	*während*	tandis que, alors que

• **prépositions** :

vor (+ D ou A)	il y a, devant	*trotz* (+ G)	malgré
nach (+ D)	après, vers)	*während* (+ G)	pendant
seit (+ D)	depuis		

• **adverbes** :

vorher, zuvor	antérieurement	*trotzdem*	malgré cela
nachher, danach	ultérieurement	*währenddessen*	pendant ce temps
seither, seitdem	depuis ce tps-là	*inzwischen*	entre temps

➡ *CONJONCTION, PRÉPOSITION OU ADVERBE ?*

Complétez ces phrases, en cochant à chaque fois un des mots de la liste ci-après. Le compte doit être bon. Vérifiez ensuite sur le tableau ci-dessus.
seit – seither – bevor – vorher – während – nachher – obwohl – trotz – seit – vor – nachdem – trotzdem – während – nach – obwohl – bevor – trotz – trotzdem – inzwischen – während.

1. Peter war .... seiner letzten Ferien in England.
2. .... er in England war, spricht er viel besser englisch.
3. Ich war auch in England, aber das war .... vielen Jahren.
4. Zählen Sie Ihr Gepäck (bagages), ... Sie den Zug verlassen!
5. Du kannst gehen, aber bring bitte .... dein Zimmer in Ordnung!
6. .... sie gegessen hatte, ging sie sofort zu Bett.
7. .... sie sehr müde war, konnte sie lange nicht einschlafen.
8. Er aber ging .... dem Abendessen noch in eine Kneipe (bistrot).
9. .... der späten Stunde waren noch viele Leute da.
10. Kannst du bitte aufräumen (ranger), ... ich das Geschirr spüle?
11. Ich habe mich beeilt und bin .... zu spät gekommen.
12. Wir gingen in dieselbe Schule — ich habe ihn .... nie mehr gesehen.
13. Wir haben .... der Wirtschaftskrise gute Resultate.
14. Viele Leute arbeiten sich kaputt, ... andere arbeitslos sind.
15. Ich gehe schnell zur Post ; kannst du .... die Kasse übernehmen?
16. Wir haben wenig Chancen, zu gewinnen, aber wir versuchen es ....
17. Er hat mir Geld geliehen (prêté), ... er selbst fast keines hat.
18. Du mußt es noch einmal versuchen, ... du aufgibst. (abandonner)
19. Ich muß zuerst zum Zahnarzt ; und .... zum Friseur.
20. Er korrespondiert .... vielen Jahren mit einem Esperantisten.

2 L'INTERROGATIVE INDIRECTE

En allemand, l'interrogative indirecte est une subordonnée.

• **Si l'interrogation est globale** (pas d'interrogatif, on répond par « oui » ou « non »), cette subordonnée est introduite par la conjonction ***ob*** (« si »).

Möchtest du mit mir kommen? (interrogative directe)
*Er fragt mich, **ob** ich mit ihm kommen möchte.* (interrogative indirecte)

• **Si l'interrogation est partielle**, c'est **l'interrogatif** qui va servir de conjonction de subordination.

***Wann** kommst du wieder nach Aachen?* (Aix-la-Chapelle)
*Er fragt mich, **wann** ich wieder nach Aachen komme.*
***Warum** hast du noch immer keinen Anrufbeantworter?* (répondeur)
*Er will wissen, **warum** ich noch immer keinen Anrufbeantworter habe.*

➽ LA TRADUCTION DE « COMBIEN »

L'allemand traduit le « combien » français de trois manières :

wieviel (invariable)	combien (quantité non dénombrable)
wieviele (pluriel)	combien (quantité dénombrable)
wie sehr	combien (intensité)
***wie* + adjectif**	combien + adjectif

Wie et le terme qui le complète (*viel*, *sehr* ou adjectif) **ne peuvent jamais être dissociés.**

***Wieviel** kostet das?* : Combien cela coûte-t-il ?
***Wieviele** Leute sind hier?* : Combien de personnes y a-t-il ici ?
*Er möchte wissen, **wieviele** Leute hier sind.* (interrogative indirecte)

*Ich kann dir nicht sagen, **wie sehr** ich dir danke!*
Je ne saurais (peux) te dire combien je te remercie !

*Ich weiß nicht, **wie oft** ich das schon wiederholt habe.*
Je ne sais pas combien de fois je l'ai déjà répété.

*Wir sehen, **wie glücklich** diese Leute sind.*
Nous voyons combien ces gens sont heureux.

*Kannst du mir sagen, **wie alt** du bist?*
Peux-tu me dire quel âge tu as ? (« combien âgé » tu es ?)

*Ich muß wissen, **wie alt**, **wie groß** und **wie schwer** Sie sind.*
Je dois connaître votre âge, votre taille et votre poids.

P.S. : La même chose vaut pour l'exclamation (comme... ! : *wie* + adjectif) :

> ***Wie groß du geworden bist!*** : Comme tu as grandi !
> ***Wie schön diese Rosen blühen!*** (fleurir) : Comme ces roses sont belles i
> ***Wie gern ich kommen würde!*** : Comme je viendrais volontiers !

ZIEMLICH – GENUG

La réponse à la question « combien » peut comporter la notion de « assez ». Or, le dictionnaire propose deux vocables, *ziemlich* et *genug*.

• ziemlich

signifie « assez » dans le sens de « relativement », « plutôt » (anglais : *rather*).
Ziemlich est toujours accompagné soit de *viel(e)/wenig(e)*, soit d'un adjectif. Il précède les deux.

> *Er ist **ziemlich groß** und hat **ziemlich viel** Erfolg bei Frauen.*
> Il est relativement grand et a plutôt beaucoup de succès auprès des femmes.
>
> *Ich habe **ziemlich viele** Sachen verkauft, aber **ziemlich wenig** verdient.*
> J'ai vendu pas mal d'affaires, mais le bénéfice était maigre. (j'ai gagné assez peu).

• genug

signifie « assez » dans le sens de « suffisamment » (anglais : *enough*)
Genug **précède** le groupe verbal et le nom, **mais suit** (directement) l'adjectif :

> *Du entspannst dich nicht genug.*
> Tu ne te détends pas assez. (groupe verbal : *sich nicht genug entspannen*)
> *Für heute habe ich **genug gearbeitet*** : J'ai assez travaillé pour aujourd'hui.
> *Ich habe **genug Vokabeln** gelernt.* : J'ai appris assez de vocables.
> *Es ist nicht **warm genug**, um* ... : Il ne fait pas assez chaud pour ...
> *Du bist **begabt genug**, um* ... : Tu es suffisamment doué pour ...
> *So, jetzt habe ich **genug**!* : Bon, maintenant, j'en ai assez !
> *Genug! (Jetzt reicht's!)* : Cela suffit !

3 *LA PROPOSITION INFINITIVE*

On peut considérer qu'un groupe infinitif « élargi » (avec compléments) est une proposition infinitive, puisqu'il y a deux groupes verbaux et (donc) une virgule :

Ich beeile mich, diesen Brief fertigzuschreiben.
Je me dépèche de terminer (la rédaction de) cette lettre.

Er beginnt, sich auf die Reise zu freuen.
Il commence à se réjouir (à l'idée) de ce voyage.

• **La proposition infinitive** au sens strict du terme **est introduite par** les subordonnants :

..., um ... zu	pour, afin de
..., ohne ... zu	sans
..., (an)statt ... zu	au lieu de

Il y a toujours une virgule et l'infinitif est toujours précédé de *zu* :

*Sie hört Nachrichten, **um auf dem laufenden zu sein.***
Elle écoute les informations pour être au courant.

*Sie ging vorbei, **ohne uns zu grüßen.***
Elle passa sans nous saluer.

*Du arbeitest, **statt dich auszuruhen.***
Tu travailles au lieu de te reposer.

Il ne faut pas confondre ces subordonnants avec les prépositions :

für + A (pour) ; *ohne* + A (sans) ; *statt* + G (au lieu de)

für meinen Freund ; ohne die Kinder ; statt des Wagens

• La proposition infinitive n'est évidemment possible que si le sujet est le même que celui de la proposition principale. S'il y a **deux sujets différents**, il faut une subordonnée conjonctive introduite par ***damit*** + *indicatif* (« pour que ») :

*Ich bin gekommen, **um dir zu helfen.*** : Je suis venu pour t'aider.
*Ich bin gekommen, **damit du mir hilfst.*** : Je suis venu pour que tu m'aides.

➽ WARUM? – WOZU?

• **warum?**

pose la question : « pourquoi ? » « pour quelle raison ? »
La réponse est introduite par la conjonction *weil.*

> ***Warum** bist du so traurig ? **Weil** ich die Lorelei nicht vergessen **kann.***
> Pourquoi es-tu si triste ? Parce que je n'arrive pas à oublier la Lorelei.

• **wozu?**

pose la question : « pour quoi faire ? », « dans quel but ? » Logiquement, la réponse contient une proposition infinitive (***um** … **zu***).

> ***Wozu** brauchst du dieses Geld? **Um** ins Kino **zu** gehen.*
> Pourquoi (pour quoi faire) as-tu besoin de cet argent ? Pour aller au cinéma.
> *Wozu gehst du in die Stadt? Um Einkäufe zu machen.*
> Pourquoi vas-tu en ville ? Pour faire des courses.

4 *LA SUBORDONNÉE DE CONDITION*

L'EXPRESSION DE LA CONDITION

• À la différence du français, l'allemand n'a pas de mode spécifique pour le conditionnel : il emploie le subjonctif II. (Voir tableau p. 66)

• Présent et passé du subjonctif II servent respectivement de conditionnel présent et passé.

> *Das wäre wunderbar!* : Ce serait magnifique ! (condit. présent)
> *Das wäre wunderbar gewesen!* : Cela aurait été magnifique ! (condit. passé)

• Si le subjonctif II ne se distingue pas du prétérit de l'indicatif (c'est le cas des verbes faibles), ou dans la langue parlée, on se sert, pour le présent du conditionnel, de l'**auxiliaire *würde*** (subj. II de *werden*) :

> *Ich würde dasselbe sagen.* : Je dirais la même chose. (présent)
> *Ich hätte dasselbe gesagt.* : J'aurais dit la même chose. (passé)
> *Das würde ich gern sehen.* : J'aimerais voir cela. (présent)
> *Das hätte ich gern gesehen.* : J'aurais aimé voir cela. (passé)

• Toutefois : **l'emploi de l'auxiliaire *würde* avec un autre auxiliaire** (de temps ou de mode) **est interdit**.

> *Ich **würde** gern **kommen**. = Ich **käme** gern.* (choix possible)
> *Er **wäre** enttäuscht, wenn ...* : Il serait déçu, si ... (subj. II obligatoire)
> *Ich **hätte** gern einen Computer.* : J'aimerais avoir un ordinateur.
> *Ich **sollte** gehen, aber ich will nicht.* : Je devrais partir, mais je ne veux pas.

LA SUBORDONNÉE

Dans le cas d'une subordonnée circonstantielle de condition, l'allemand met **la subordonnée et la principale au conditionnel**. Pour un Allemand, le fameux « Si j'aurais su, j'aurais pas venu ! » est donc parfaitement correct (même la négation à un seul terme y est).

> *Wenn ich das gewußt **hätte**, **wäre** ich nicht gekommen.*

• La subordonnée est introduite par **la conjonction *wenn***. Elle peut précéder ou suivre la principale selon le schéma désormais familier :

> ***Wenn** du Zeit hättest, **könntest** du **mitkommen**.* (cond. présent)
> Si tu avais le temps, tu pourrais venir avec nous.
>
> *Du hättest mitkommen können, **wenn** du Zeit gehabt hättest.* (cond. passé)
> Tu aurais pu venir avec nous, si tu avais eu le temps.

• **La construction sans *wenn***

La présence d'un conditionnel dans les deux propositions permet à l'allemand de se passer de la conjonction *wenn*. Dans ce cas :
– le verbe (partie conjuguée du groupe verbal) prend la place de *wenn*,
– la subordonnée est obligatoirement en première position.

> ***Wenn du** Zeit **hättest**, könntest du mitkommen.*
> ***Hättest du** Zeit, könntest du mitkommen.*
> Si tu avais le temps, tu pourrais venir avec nous.
>
> ***Wenn er** jünger gewesen **wäre**, hätte er die Stelle bekommen.*
> ***Wäre er** jünger gewesen, hätte er die Stelle bekommen.*
> S'il avait été plus jeune, il aurait obtenu le poste.
>
> ***Wenn du** weniger reden **würdest***, wärst du schon fertig.*
> ***Würdest du** weniger reden, wärst du schon fertig.*
> Si tu parlais moins, tu aurais déjà terminé.

* Les puristes refusent *würde* dans la subordonnée (« *Wenn-Sätze sind würde-los* »). C'est justement là que la construction sans *wenn* permet de contourner l'interdit.

➡ SI J'AURAIS SU, J'AURAIS PAS VENU !

C'est certain. Mais maintenant qu'on y est, on y va. Complétez selon ce qui manque : a) conditionnel présent, b) conditionnel passé, c) construction de a) ou de b) (au choix) sans *wenn*.

Modèle :

a) **Wenn** ich älter **wäre**,würde ich im Ausland arbeiten.
b) **Wenn** ich älter **gewesen wäre**, hätte ich im Ausland gearbeitet.
c) **Wäre** ich älter, würde ich im Ausland arbeiten.
ou bien : **Wäre** ich älter **gewesen**, hätte ich im Ausland gearbeitet.

1 a)➡ ....
b) Wenn die Frau freundlicher gewesen wäre, hätte ich ihr geholfen.
c)➡ ....

2 a) Ich würde mich freuen, wenn ich einen Ferienjob bekäme.
b)➡ ....
c)➡ ....

3 a)➡ ....
b)➡ ....
c) Würdest du öfter telefonieren, wüßte ich, wie es dir geht.

4 a)➡ ....
b) Er wäre mit dem Flugzeug gereist, wenn er nicht Angst gehabt hätte.
c)➡ ....

5 a)➡ ....
b)➡ ....
c) Hättest du mich nicht abgeholt, hätte ich ein Taxi genommen.

6 a) Wenn du bleiben würdest, könnten wir ein « Scrabble » spielen.
b)➡ ....
c)➡ ....

7 a)➡ ....
b) Wenn ich im Lotto gespielt hätte, hätte ich diesmal gewinnen können.
c)➡ ....

8 a) Wenn Sie Diplome hätten, könnten Sie den Posten bekommen.
b)➡ ....
c)➡ ....

9 a)➡ ....
b) Ich hätte dir natürlich geantwortet, wenn du mich gefragt hättest.
c)➡ ....

10 a)➡ ....
b)➡ ....
c) Wäre die Übung nicht so langweilig gewesen, hätte sie mir Spaß gemacht. (*Ach so?*)

OB – WENN

Il est vrai que les deux conjonctions correspondent à un « si » français. Mais pas au même « si » ! Dans les phrases : « Je me demande s'il fera beau demain. », « Je ne sais si je dois venir demain. », il s'agit d'un « si » interrogatif ou dubitatif, autrement dit d'une interrogative indirecte. On peut vérifier en revenant à la question initiale : « Fera-t-il beau demain ? », « Dois-je venir demain ? ».

• **la conjonction *ob* traduit un « si » interrogatif ou dubitatif** :

Ich frage mich, ob es morgen schön sein wird.
Ich weiß nicht, ob ich morgen kommen soll.

• **la conjonction *wenn* traduit un « si » conditionnel** :

Wenn Sie einverstanden sind, kümmere ich mich um die Karten.
Si vous êtes d'accord, je m'occupe des billets. (condition)

Wir können das auch morgen machen, wenn Sie zu müde sind.
Nous pourrons faire cela demain si vous êtes trop fatigué. (hypothèse)

Ich hätte den Unfall vermeiden können, wenn ich aufgepaßt hätte. (regret)
J'aurais pu éviter l'accident si j'avais fait attention.

Wenn du nur nicht so ungeduldig wärst! (*Wärst du doch nicht so ungeduldig!*)
Si seulement tu n'étais pas si impatient(e) ! (souhait)

WANN – WENN

C'est exactement la même (fausse) question que pour *wenn* et *ob*, sauf que l'interférence de l'anglais vient encore ajouter à la confusion. Or :

• ***wann* est un interrogatif**, rien d'autre :

Wann kommst du? ; Wann bist du fertig? (interrogation directe)
Ich frage dich, wann du kommst. (interr. indirecte)
Sag mir, wann du fertig bist. (interr. indirecte)

• ***wenn*** porte en effet deux casquettes.

Cette conjonction introduit une subordonnée circonstantielle :

– **de temps** : « quand », « chaque fois que » :

Du kommst immer, wenn ich gerade telefoniere.
Tu viens toujours quand je suis en train de téléphoner.

Wenn sie telefonierte, wollte sie nicht gestört werden.
Quand elle téléphonait, elle n'entendait pas être dérangée. (jamais)

– **de condition** : « si »

Wenn du das Buch lesen willst, leihe ich es dir gern.
Si tu as envie de lire ce livre, je te le prête volontiers.

Alles klar? Alors prouvez-le en traduisant : « Dis-moi, si tu viens. Et si tu viens, dis-moi quand tu arrives. Et quand tu seras là, tu me diras si tu as fait un bon voyage. » (2 x *wenn*, 2 x *ob*, 1 x *wann*. *Ja, aber wo?*)

5 *LA PROPOSITION RELATIVE*

Une proposition relative est l'extension d'un nom ou d'un groupe nominal pour lequel elle donne des informations supplémentaires : « L'arbre / que l'on vient d'abattre / est un hêtre ».

• La proposition relative est **une subordonnée**. Elle est **introduite par un pronom relatif** qui prend la marque de l'article défini, sauf pour tous les génitifs (*dessen, deren*) et le datif pluriel (*denen*).

	masculin	féminin	neutre	pluriel
N	der	die	das	die
A	den	die	das	die
D	dem	der	dem	**denen**
G	**dessen**	**deren**	**dessen**	**deren**

• **Le pronom relatif remplit une double tâche** : il indique le **genre** et le **nombre** du mot auquel il se rapporte. Il se met au **cas** de la fonction qu'il occupe dans la proposition relative.

*Der Baum, **der** hinter dem Haus steht, ist eine Buche.* (N masc.)
L'arbre qui se trouve derrière la maison est un hêtre.

*Der Baum, **den** du dort siehst, ist eine Buche.* (A masc.)
L'arbre que tu vois là-bas est un hêtre.

*Woher kennst du die Frau, **der** du die Hand gegeben hast?* (D fém.)
D'où connais-tu la femme à qui tu as donné la main ?

• Le pronom relatif peut bien sûr être **précédé d'une préposition** et se met alors au cas exigé par celle-ci :

*Die Frau, **bei der** ich wohne, ist meine Großmutter.* (D fém.)
La femme chez qui j'habite est ma grand-mère.

*Das sind Dinge, **von denen** wir nie sprechen.* (D pl.)
Ce sont des choses dont nous ne parlons jamais.

• ***Dessen*** et ***deren*** (génitif) **sont toujours directement suivi par un nom sans article**. (génitif saxon).

*Dieser Roman, **dessen Autor** ich kenne, hat meiner Frau sehr gefallen.*
Ce roman, dont je connais l'auteur, a beaucoup plu à ma femme.

*Die Leute, **in deren Haus** ich wohne, sind Freunde meiner Eltern.*
Le gens dans la maison desquels j'habite, sont des amis de mes parents.

Conséquence logique : si le nom qui suit *dessen* ou *deren* est précédé d'un **adjectif**, celui-ci portera la marque du genre et du cas de ce nom.

Die Freundin, deren neues Kleid mir so gut gefällt, ist Italienerin. (N neutre)
L'amie dont la nouvelle robe me plaît tant est italienne.

Da ist der Junge, dessen kleiner Bruder vom Baum gefallen ist. (N masc.)
Voici le garçon dont le petit frère est tombé de l'arbre.

Das ist der Junge, mit dessen großem Bruder ich Schach spiele. (D masc.)
C'est le garçon avec le grand frère duquel je joue aux échecs.

• Un mot encore sur le relatif neutre

was	ce qui / ce que (N et A)
alles, was	tout ce qui / tout ce que

Tout va bien tant que ces relatifs sont en tête de phrase. Mais lorsque la relative suit la principale, il faut impérativement **un antécédent** à *was* : Ce sera ***alles*** ou ***das***. Cet antécédent se met au cas de sa fonction dans la principale. Il peut être précédé d'une préposition.

Comparez en observant la place de la virgule :

***Was** du da sagst, interessiert mich nicht.*
Ce que tu me dis là, ne m'intéresse pas.

***Alles, was** du mir da sagst, weiß ich schon.*
Tout ce que tu me dis là, je le sais déjà.

*Sag nur **das, was** du sicher weißt!*
Ne dis que ce que tu sais avec certitude !

*Ich interessiere mich **für alles, was** du sagst.*
Je m'intéresse à tout ce que tu dis.

*Er kann **mit dem, was** er verdient, nicht leben.*
Il ne peut pas vivre avec ce qu'il gagne.

La structure « ***mit was*** » ou « ***für was*** » est donc **impossible** !

➤➤ LA TRADUCTION DE « DONT »

Il est vrai que la traduction de « dont » pose des problèmes. Mais, sauf votre respect, c'est la faute à Voltaire !

Car dans la langue de ce grand philosophe — et donc la vôtre —, le petit vocable « de » (qui devient « dont » dans une relative) a deux fonctions différentes. Il introduit le complément du nom, et il est préposition.

Partons du français pour illustrer ces deux fonction de « de » :

– **complément du nom** :

> Le toit **de** la maison est rouge. — La maison **dont** le toit est rouge.
> *Das Dach des Hauses ist rot. — Das Haus, **dessen Dach** rot ist.*
> Les parents **des** enfants qui chantent. — Les parents **dont** les enfants chantent.
> *Die Eltern der Kinder, die singen. — Die Eltern, **deren Kinder** singen.*

– **préposition** (régime d'un verbe, d'un adjectif) :

> J'ai besoin **de** ton conseil. — Le conseil **dont** j'ai besoin.
> *Ich brauche* (+A!) *deinen Rat. — Der Rat, **den** ich brauche.*
>
> Le film **dont** je parle et **dont** le héros est un ours.
> *Der Film, **von dem** ich spreche und **dessen** Held ein Bär ist.* (2 relatives coordonnées)
>
> Il est fier **de** son fils. — Le fils **dont** il est fier.
> *Er ist stolz **auf** seinen Sohn. — Der Sohn, **auf den** er stolz ist.*
>
> Je ne sais rien **de** cet homme. — Cet homme **dont** je ne sais rien.
> *Ich weiß nichts von diesem Mann. — Der Mann, **von dem** ich nichts weiß.*

Ce n'est donc que dans le cas d'un complément du nom que « dont » va se traduire par *dessen* ou *deren*. Pour les compléments prépositionnels de verbes ou d'adjectifs, **il faut se référer au régime des verbes et des adjectifs**, sachant que le génitif est beaucoup plus rare en allemand que ne l'est la préposition « de » en français :

> avoir honte de : *sich schämen* (+G) — *Der Fehler, dessen ich mich schäme.*
> être sûr de : *sicher sein* (+G) — *Die Regel, deren ich sicher bin.*

mais :

> parler de : *sprechen von* + D — *Die Schallplatte, von der wir sprechen.*
> avoir besoin de : *brauchen* + A — *Das Buch, das ich brauche.*
> se souvenir de : *sich erinnern an* +A — *Das Foto, an das ich mich erinnere.*
> être fier de : *stolz sein auf* +A — *Der Erfolg, auf den ich stolz bin.*
> avoir peur de : *Angst haben vor* +D — *Der Chef, vor dem ich Angst habe.*
> etc. (référez-vous aux p. 149 et 151)

• Et voici, pour ceux qui veulent vraiment « tout » savoir, une tournure particulière qui réunit « dont » et un pronom indéfini :

Une des pommes est pourrie. — Les pommes **dont une** est pourrie.
*Einer der Äpfel ist faul. — Äpfel, **von denen einer** faul ist.*

J'ai deux fils **dont l'un** est déjà à l'université.
*Ich habe zwei Söhne, **von denen einer** schon studiert.*

ANNEXES

1. TABLEAUX DE CONJUGAISON

LES VERBES AUXILIAIRES DE TEMPS

	SEIN	HABEN	WERDEN
Indicatif présent	ich bin du bist er, sie, es ist wir sind ihr seid sie sind Sie sind	ich habe du hast er, sie, es hat wir haben ihr habt sie haben Sie haben	ich werde du wirst er, sie, es wird wir werden ihr werdet sie werden Sie werden
prétérit	ich war du warst er war wir waren ihr wart sie waren	ich hatte du hattest er hatte wir hatten ihr hattet sie hatten	ich wurde du wurdest er wurde wir wurden ihr wurdet sie wurden
parfait	ich bin gewesen	ich habe gehabt	ich bin geworden
plus-que-parfait	ich war gewesen	ich hatte gehabt	ich war geworden
futur	ich werde sein	ich werde haben	ich werde werden
Subjonctif I présent	ich sei du seist er sei wir seien ihr seiet sie seien	ich habe du habest er habe wir haben ihr habet sie haben	ich werde du werdest er werde wir werden ihr werdet sie werden
passé	er sei gewesen	er habe gehabt	er sei geworden
futur	er werde sein	er werde haben	er werde werden
Subjonctif II présent	ich wäre du wärest er wäre wir wären ihr wäret sie wären	ich hätte du hättest er hätte wir hätten ihr hättet sie hätten	ich würde du würdest er würde wir würden ihr würdet sie würden
passé	ich wäre gewesen	ich hätte gehabt	ich wäre geworden
futur	ich würde sein	ich würde haben	ich würde werden
Impératif	sei! seien wir! seid! seien Sie!	habe! haben wir! habt! haben Sie!	werde! werden wir! werdet! werden Sie!

LES VERBES DE MODALITÉ ET « WISSEN »

	présent indic.	prétérit ind.	subjonctif I	subj. II
können	ich kann du kannst er kann wir können ihr könnt sie können Sie können	ich konnte du konntest er konnte wir konnten ihr konntet sie konnten Sie konnten	ich könne du könnest er könne wir können ihr könnet sie können Sie können	ich könnte du könntest er könnte wir könnten ihr könntet sie könnten Sie könnten
	parfait : ich habe gekonnt (très rare) double infinitif : ich habe (kommen) können **futur** : ich werde können			
		avec les mêmes désinences :		
dürfen	ich darf wir dürfen	ich durfte wir durften	ich dürfe wir dürfen	ich dürfte wir dürften
müssen	ich muß wir müssen	ich mußte wir mußten	ich müsse wir müssen	ich müßte wir müßten
sollen	ich soll wir sollen	ich sollte wir sollten	ich solle wir sollen	ich sollte wir sollten
wollen	ich will wir wollen	ich wollte wir wollten	ich wolle wir wollen	ich wollte wir wollten
mögen	ich mag wir mögen	ich mochte wir mochten	ich möge wir mögen	ich möchte wir möchten
wissen	ich weiß du weißt er weiß wir wissen ihr wißt sie wissen	ich wußte du wußtest er wußte wir wußten ihr wußtet sie wußten	ich wisse du wissest er wisse wir wissen ihr wisset sie wissen	ich wüßte du wüßtest er wüßte wir wüßten ihr wüßtet sie wüßten
	parfait : ich habe gewußt **futur** : ich werde wissen			

VERBES FAIBLES ET FAIBLES IRRÉGULIERS

	type LERNEN	type ANTWORTEN	faible irrégulier
Indicatif présent	ich lerne du lernst er lernt wir lernen ihr lernt sie lernen	ich antworte du antwortest er antwortet wir antworten ihr antwortet sie antworten	ich denke du denkst er denkt wir denken ihr denkt sie denken
prétérit	ich lernte du lerntest er lernte wir lernten ihr lerntet sie lernten	ich antwortete du antwortetest er antwortete wir antworteten ihr antwortetet sie antworteten	ich dachte du dachtest er dachte wir dachten ihr dachtet sie dachten
parfait	ich habe gelernt	ich habe geantwortet	ich habe gedacht
futur	ich werde lernen	ich werde antworten	ich werde denken
subjonct. I présent	ich lerne du lernest er lerne wir lernen ihr lernet sie lernen	ich antworte du anwortest er antworte wir antworten ihr antwortet sie antworten	ich denke du denkest er denke wir denken ihr denket sie denken
passé	er habe gelernt	er habe geantwortet	er habe gedacht
futur	er werde lernen	er werde antworten	er werde denken
subjonctif II présent : identique au prétérit de l'indicatif			
passé	er hätte gelernt	er hätte geantwortet	er hätte gedacht
futur	er werde lernen	er werde antworten	er werde denken
Impératif	lerne! lernen wir! lernt! lernen Sie!	antworte! antworten wir! antwortet! antworten Sie!	denke! denken wir! denkt! denken Sie!

Liste des verbes faibles irréguliers			
brennen	brannte	hat gebrannt	brûler
bringen	brachte	hat gebracht	apporter
denken	dachte	hat gedacht	penser
kennen	kannte	hat gekannt	connaître
nennen	nannte	hat genannt	nommer
rennen	rannte	ist gerannt	courir
senden	sandte (sendete)	hat gesandt (gesendet)	envoyer
wenden	wandte (wendete)	hat gewandt (gewendet)	tourner

VERBES FORTS

	type BLEIBEN	type GEBEN	type HALTEN
Indicatif présent	ich bleibe du bleibst er bleibt wir bleiben ihr bleibt sie bleiben	ich gebe du gibst er gibt wir geben ihr gebt sie geben	ich halte du hältst er hält wir halten ihr haltet sie halten
prétérit	ich blieb du bliebst er blieb wir blieben ihr bliebt sie blieben	ich gab du gabst er gab wir gaben ihr gabt sie gaben	ich hielt du hieltest er hielt wir hielten ihr hieltet sie hielten
parfait	ich bin geblieben	ich habe gegeben	ich habe gehalten
futur	ich werde bleiben	ich werde geben	ich werde halten
subjonctif I présent	ich bleibe du bleibest er bleibe wir bleiben ihr bleibet sie bleiben	ich gebe du gebest er gebe wir geben ihr gebet sie geben	ich halte du haltest er halte wir halten ihr haltet sie halten
passé	er sei geblieben	er habe gegeben	er habe gehalten
futur	er werde bleiben	er werde geben	er werde halten
subjonctif II*	ich bliebe du bliebest er bliebe wir blieben ihr bliebet sie blieben	ich gäbe du gäbest er gäbe wir gäben ihr gäbet sie gäben	ich hielte du hieltest er hielte wir hielten ihr hieltet sie hielten
* le subjonctif II est formé sur le radical du prétérite indicatif + inflexion sur -a-, -o-, -u-. Les terminaisons (désinences) sont toujours les mêmes.			
passé	er wäre geblieben	er hätte gegeben	er hätte gehalten
futur	er würde bleiben	er würde geben	er würde halten

Impératif	bleib(e)!	gib!	halt(e)!
	bleiben wir!	geben wir!	halten wir!
	bleibt!	gebet!	haltet!
	bleiben Sie!	geben Sie!	halten Sie!

2. TABLEAUX DE DÉCLINAISON

L'article défini				
	masculin	féminin	neutre	pluriel
N	der	die	das	die
A	den	die	das	die
D	dem	der	dem	den (+n)
G	des (+ s)	der	des (+s)	der

L'article indéfini : ein (singulier seulement), kein (singulier et pluriel)				
	masculin	féminin	neutre	pluriel
N	ein	eine	ein	keine
A	einen	eine	ein	keine
D	einem	einer	einem	keinen (+ n)
G	eines (+ s)	einer	eines (+ s)	keine

	masculin faible	**masculin mixte**	**pluriel**
N	der Mensch	der Name	- (e)n
A	den Menschen	den Namen	- (e)n
D	dem Menschen	dem Namen	- (e)n
G	des Menschen	des Namens	- (e)n

Désinences de l'adjectif précédé de l'article défini			
	masculin	féminin	neutre
N	der alte Mann	die junge Frau	das kleine Kind
A	den alten Mann	die junge Frau	das kleine Kind
D / G / et PLURIEL : l'adjectif prend -(e)n partout			
Mêmes désinences avec *dieser, jener* (sg.et pl.), *jeder* (sg.), *alle, sämtliche, beide* (pl.)			

Désinences de l'adjectif précédé de l'article indéfini			
	masculin	féminin	neutre
N	ein alter Mann	eine junge Frau	ein kleines Kind
A	einen alten Mann	eine junge Frau	ein kleines Kind
D / G / et pluriel pour *kein* : l'adjectif prend -(e)n partout.			
Mêmes désinences pour les adjectifs possissifs *mein – dein – sein / ihr / sein – unser – euer – ihr / Ihr* : *mein neuer Wagen ; unser neues Haus ; seine kleine Schwester*			

Désinences de l'adjectif non précédé de déterminatif :				
	masculin	féminin	neutre	pluriel
N	guter Wein	warme Milch	frisches Brot	rote Äpfel
A	guten Wein	warme Milch	frisches Brot	rote Äpfel
D	gutem Wein	warmer Milch	frischem Brot	roten Äpfeln
G	guten Weins	warmer Milch	frischen Brots	roter Äpfel
*** N.B.** : au pluriel, l'adjectif précédé de *viele, einige, mehrere, manche, wenige* et de nombres prend également les marques du cas : *viele kleine Kinder, drei rote Äpfel.*				

Pronoms personnels			Pronoms réfléchis	
Nom	Accusatif	Datif	Accusatif	Datif
ich	mich	mir	ich wasche mich	Ich kaufe mir ein Buch.
du	dich	dir	du wäschst dich	Du kaufst dir ein Haus.
er	ihn	ihm	er wäscht sich	Er kauft sich Bücher.
sie	sie	ihr	sie wäscht sich	Sie kauft sich eine Brille.
es	es	ihm	es wäscht sich	Es kauft sich einen Ball.
wir	uns	uns	wir waschen uns	Wir kaufen uns Bücher.
ihr	euch	euch	ihr wascht euch	Ihr kauft euch Kleider.
sie	sie	ihnen	sie waschen sich	Sie kaufen sich Hüte.
Sie	Sie	Ihnen	Sie waschen sich	Sie kaufen sich nichts?

pron. relatif	**masculin**	**féminin**	**neutre**	**pluriel**
N	der	die	das	die
A	den	die	das	die
D	dem	der	dem	**denen**
G	**dessen**	**deren**	**dessen**	**deren**

3. LES VERBES FORTS LES PLUS COURANTS

Les verbes de cette liste constituent un minimum vital. Vous voyez que la majorité de ces verbes a 2 syllabes (radical + *-en*). Les verbes à 3 syllabes commencent par une particule inséparable, ce qui explique que leur participe passé n'ait pas le préfixe ge- (cf. p. 40).

Pour apprendre ces verbes, ne vous précipitez pas. Procédez calmement et par étapes :

1. cochez les verbes que vous connaissez déjà parfaitement, orthographe comprise,

2. apprenez les verbes que vous connaissez, mais imparfaitement,

3. mémorisez les verbes restants et complétez la liste par des verbes de votre choix.

beginnen	begann, hat begonnen	er beginnt	commencer
bitten	bat, hat gebeten	er bittet	prier (qqn de...)
bleiben	blieb, ist geblieben	er bleibt	rester
blasen	blies, hat geblasen	er bläst	souffler
brechen	brach, hat gebrochen	er bricht	briser, casser
essen	aß, hat gegessen	du **ißt**, er **ißt**	manger
fahren	fuhr, ist gefahren	er fährt	aller, rouler (véhicule)
fallen	fiel, ist gefallen	er fällt	tomber
fangen	fing, hat gefangen	er fängt	attraper
finden	fand, hat gefunden	er findet	trouver
fliegen	flog, ist geflogen	er fliegt	voler (dans l'air)
geben	gab, hat gegeben	er gibt	donner
gehen	**ging**, ist ge**gang**en	er geht	aller (à pied)
gelingen	gelang, es ist gelungen	es gelingt	réussir (à qqn)

geschehen	geschah, ist geschehen	es geschieht	arriver, se passer
gewinnen	gewann, hat gewonnen	er gewinnt	gagner (jeu, sport)
gleichen	glich, hat geglichen	er gleicht	ressembler
halten	hielt, hat gehalten	er hält	tenir, s'arrêter
hängen	hing, hat gehangen	er hängt	être suspendu
heißen	hieß, hat geheißen	du heißt, er heißt	s'appeler
helfen	half, hat geholfen	er hilft	aider
kommen	kam, ist gekommen	er kommt	venir
lassen	ließ, hat gelassen	du läßt, er läßt	laisser
laufen	lief, ist gelaufen	er läuft	courir
leihen	lieh, hat geliehen	er leiht	prêter
liegen	lag, hat gelegen	er liegt	être couché, posé à plat
lügen	log, hat gelogen	er lügt	mentir
nehmen	nahm, hat genommen	er nimmt	prendre
raten	riet, hat geraten	er rät	conseiller
rufen	rief, hat gerufen	er ruft	appeler, s'écrier
scheinen	schien, hat geschienen	er scheint	sembler, briller (soleil)
schlafen	schlief, hat geschlafen	er schläft	dormir
schlagen	schlug, hat geschlagen	er schlägt	frapper, battre
schließen	schloß, hat geschlossen	er schließt	fermer, clore
schneiden	schnitt, hat geschnitten	er schneidet	couper
schreiben	schrieb, hat geschrieben	er schreibt	écrire
schweigen	schwieg, hat geschwiegen	er schweigt	se taire
schwimmen	schwamm, ist geschwommen	er schwimmt	nager
sehen	sah, hat gesehen	er sieht	voir
singen	sang, hat gesungen	er singt	chanter
sinken	sank, ist gesunken	er sinkt	couler, sombrer
sitzen	saß, hat gesessen	du sitzt, er sitzt	être assis
sprechen	sprach, hat gesprochen	er spricht	parler
springen	sprang, ist gesprungen	er springt	sauter
stehen	stand, hat gestanden	er steht	être debout
stehlen	stahl, hat gestohlen	er stiehlt	voler, dérober
sterben	starb, ist gestorben	er stirbt	mourir
streiten	stritt, hat gestritten	er streitet	se disputer
tragen	trug, hat getragen	er trägt	porter
treffen	traf, hat getroffen	er trifft	rencontrer, toucher
trinken	trank, hat getrunken	er trinkt	boire
tun	tat, hat getan	er tut	faire (en général)
vergessen	vergaß, hat vergessen	du vergißt, er vergißt	oublier
verlieren	verlor, hat verloren	er verliert	perdre
waschen	wusch, hat gewaschen	er wäscht	laver
werfen	warf, hat geworfen	er wirft	lancer
ziehen	zog hat gezogen	er zieht	tirer
zwingen	zwang, hat gezwungen	er zwingt	contraindre

- ....
- ....
- ....

4. RÉGIME DES VERBES LES PLUS FRÉQUENTS

• Nous présentons ces verbes par ordre alphabétique (gras) et vous demandons un effort de lecture :

jdn (jemanden) / eine Sache / eine Frage = accusatif (A)
jdm (jemandem) / einer Sache = datif (D)

• Nous ne marquerons le cas entre parenthèses que pour le génitif (G), après *etwas* (A ou D) et le pronom réfléchi *sich* s'il n'est pas à l'accusatif, mais au datif (D).
• ***aus, mit, nach, von, zu*** toujours + datif (D) ; ***um*** toujours + accusatif (A).

von jdm **ab/hängen** (hing ab, hat abgehangen)	dépendre de
auf jdn / etwas **achten** (hat geachtet)	faire attention à
mit etwas **an/fangen** (fing an, hat angefangen)	commencer par
jdn **an/rufen** (rief an, hat angerufen)	téléphoner à
jdm **antworten** (hat geantwortet)	répondre à
auf eine Frage **antworten** (hat geantwortet)	répondre à une question
sich über jdn / etwas **ärgern** (hat sich geärgert)	être agacé par
jdm **auf/fallen** (fiel auf, ist aufgefallen)	sauter aux yeux de
mit etwas **auf/hören** (hörte auf, hat aufgehört)	arrêter qqch
etwas (A) **beantworten** (hat beantwortet)	répondre à
sich einer Sache (G) **bedienen**	se servir de qqch
sich mit jdm / etwas **befassen** (hat sich befaßt)	s'occuper de
jdm **begegnen** (ist begegnet)	rencontrer qqn
mit etwas **beginnen** (begann, hat begonnen)	commencer par
zu etwas **bei/tragen** (trug bei, hat beigetragen)	contribuer à
aus etwas **bestehen** (bestand, hat bestanden)	se composer de
um etwas **bitten** (bat, hat gebeten)	demander (que l'on donne)
jdn / etwas **brauchen** (hat gebraucht)	avoir besoin de
an jdn / etwas **denken** (dachte, hat gedacht)	penser à
über etwas (A) **diskutieren** (hat diskutiert)	discuter de qqch
jdm **ein/fallen** (fiel ein, ist eingefallen)	venir à l'esprit de
jdn **einladen** (lud ein, hat eingeladen)	inviter qqn
mit etwas **enden** (hat geendet)	finir, se terminer par
sich von etwas **entfernen** (hat sich entfernt)	s'éloigner de
sich zu etwas **entschließen** (hat sich entschlossen)	se décider à
sich an jdn / etwas **erinnern** (hat sich erinnert)	se souvenir de
jdm **fehlen** (hat gefehlt)	manquer à qqn
jdm einem Rat **folgen** (ist gefolgt)	suivre qqn / un conseil
jdn **fragen** (hat gefragt)	interroger qqn
sich auf etwas (A) **freuen** (hat sich gefreut)	se réjouir à l'idée de
sich über etwas (A) **freuen** (hat sich gefreut)	être heureux de
sich vor jdm / etwas **fürchten** (hat sich gefürchtet)	avoir peur de
jdm **gefallen** (gefiel, hat gefallen)	plaire à qqn
jdm **gehorchen** (hat gehorcht)	obéir à qqn

jdm **glauben** (hat geglaubt)	croire qqn
an etwas (A) **glauben** (hat geglaubt)	croire en
jdm **gleichen** (glich, hat geglichen)	ressembler à
jdm zu etwas **gratulieren** (hat gratuliert)	féliciter qqn de
jdm **helfen** (half, hat geholfen)	aider qqn
auf jdn **hören** (hat gehört)	obéir (à) qqn
sich um jdn / etwas **kümmern** (hat sich gekümmert)	s'ocupper de
jdn / etwas **los/werden** (wurde los, ist losgeworden)	se débarasser de
jdm **mißtrauen** (hat mißtraut)	se méfier de qqn
über (+A) **nach/denken** (dachte nach, hat nachgedacht)	réfléchir à
sich (dem Ziel) **nähern** (hat sich genähert)	s'approcher (du but)
jdm **passen** (hat gepaßt)	convenir / aller à qqn
mit jdm / etwas **rechnen** (hat gerechnet)	compter sur
nach etwas **riechen** (roch, hat gerochen)	sentir qqch
sich einer Sache (G) **schämen**	avoir honte de qqch
über jdn / etwas **schimpfen** (hat geschimpft)	pester contre
mit etwas **schließen** (schloß, hat geschlossen)	terminer par
aus etwas **schließen** (schloß, hat geschlossen)	déduire de
nach etwas **schmecken** (hat geschmeckt)	avoir goût de
über jdn / etwas **spotten** (hat gespottet)	se moquer de
über jdn / etwas **sprechen** (sprach, hat gesprochen)	parler (à fond) de
von jdm / etwas **sprechen** (sprach, hat gesprochen)	parler de
über jdn / etwas **staunen** (hat gestaunt)	s'étonner de qqn / qqch
vor (Angst) **sterben** (starb, ist gestorben)	mourir de (peur)
an etwas (D) **teil/nehmen** (nahm teil, hat teilgenommen)	participer à
mit etwas **vergleichen** (verglich, hat verglichen)	comparer à
jdm **vertrauen** (hat vertraut)	faire confiance à qqn
auf etwas (A) **verzichten** (hat verzichtet)	renoncer à
sich (D) jdn **vorstellen** (hat sich vorgestellt)	se représenter qqn
jdm **widersprechen** (widersprach, hat widersprochen)	contredire qqn
sich über etwas (A) **wundern** (hat sich gewundert)	s'étonner de qqch
jdm **zu/hören** (hat zugehört)	écouter qqn
an jdm / etwas **zweifeln** (hat gezweifelt)	douter de
jdn zu etwas **zwingen** (zwang, hat gezwungen)	contraindre qqn à

5. RÉGIME DES ADJECTIFS LES PLUS FRÉQUENTS

• Nous présentons ces verbes par ordre alphabétique (gras) et vous demandons un effort de lecture :

jemanden / eine Sache = accusatif (A)
jemandem / einer Sache = datif (D)

• Nous ne marquerons le cas entre parenthèses que pour le génitif (G), après *etwas* et après le pronom réfléchi *sich* s'il n'est pas à l'accusatif, mais au datif.

• Exercez-vous à prononcer de petites phrases, du genre : « *Das ist mir egal.* », « *Er war höflich zu ihm.* », « *Sie ist eifersüchtig auf dich.* », c'est un excellent rôdage des pronoms personnels !

jemandem / einer Sache **ähnlich** sein	ressembler à
einen Monat (A) **alt** sein	être âgé (d'un mois)
jemandem **bekannt** sein	être connu de (par) qqn
für eine Sache **bekannt** sein	être connu pour qqch
zu einer Sache **bereit** sein	être prêt à qqch
sich einer Sache (G) **bewußt** sein	être conscient de qqch
auf jemanden **böse** sein	être fâché contre qqn
jemandem für etwas (A) **dankbar** sein	être reconnaissant à qqn pour
jemandem **egal** sein	être indifférent à qqn
auf jemanden **eifersüchtig** sein	être jaloux de qqn
mit jemandem **einverstanden** sein	être d'accord avec qqn
zu einer Sache **fähig** sein	être capable de qqch
mit einer Sache **fertig** sein	avoir fini qqch
zu jemandem **freundlich** sein	être aimable envers qqn
über eine Sache **froh** sein	être heureux / content de qqch
jemandem **gleichgültig** sein	être indifférent à qqn
zu jemandem (un)**höflich** sein	être (im)poli envers qqn
jemandem **klar** sein	être évident, clair pour qqn
jemandem **recht** sein	convenir à qqn (ça me va)
jemandem etwas (A) **schuldig** sein	devoir qqch à qqn
einein Kilo (A) **schwer** sein	peser un kilo
einer Sache (G) **sicher** sein	être sûr de qqch
auf jemanden / etwas **stolz** sein	être fier de
jemandem **treu** sein	être fidèle à qqn
von etwas **überzeugt** sein	être convaincu de qqch
für jemanden / etwas **verantwortlich** sein	être responsable de
mit jemandem **verwandt** sein	être apparenté à qqn
einer Sache (G) **würdig** sein	être digne de qqch
mit jemandem / etwas **zufrieden** sein	être satisfait de

6. PRINCIPAUX ADVERBES POUR PRENDRE POSITION

- Ces adverbes dits « de modalisation » permettent à celui qui parle / écrit de nuancer l'expression de son accord / désaccord, d'exprimer un doute, un regret, une réserve. L'expression se personnalise. Très souvent, c'est l'adverbe qui porte l'accent fort.
- Rappelons que l'adverbe est invariable.

aber (postposé)	**par contre, au contraire**
Ich aber habe nie daran geglaubt. Moi au contraire, je n'y ai jamais cru.	
allmählich	**peu à peu, progressivement**
Es hat dann allmählich aufgehört zu regnen. Peu à peu, il a cessé de pleuvoir (la pluie a cessé).	
also	**donc, par conséquent**
« Ich denke, also bin ich. » « Je pense, donc je suis. »	
angeblich	**à ce qu'il dit**
Er hat angeblich nichts von all dem gewußt. Il prétend n'avoir rien su de tout cela.	
anscheinend	**apparemment**
Anscheinend hat er seinen Zug versäumt. Il a apparemment manqué son train.	
bekanntlich	**comme chacun sait**
Dieser Präsident war bekanntlich früher Schauspieler. Comme chacun sait, ce président était autrefois comédien.	
buchstäblich	**littéralement**
Sie leben buchstäblich von der Hand in den Mund. Il vivent littéralement au jour le jour (« de la main dans la bouche »).	
dagegen	**contre cela**
Dagegen habe ich nichts einzuwenden. Je n'ai rien à objecter à cela (à dire contre cela).	
dennoch	**tout de même, malgré tout**
Er hatte Angst, aber er hat diesen Sprung dennoch versuchen wollen. Il avait peur, mais il a tout de même voulu tenter ce saut.	
deshalb	**pour cela, pour autant**
Es ist traurig, aber du brauchst deshalb nicht zu weinen. C'est triste, mais tu n'as pas besoin de pleurer pour autant.	
eigentlich	**au fond, à vrai dire**
Ich kann mich eigentlich nicht beklagen. A vrai dire, je ne peux pas me plaindre.	

<table>
<tr><td>eventuell</td><td>eventuellement</td></tr>
<tr><td colspan="2">Du könntest eventuell mit mir nach Paris kommen.
Tu pourrais éventuellement venir à Paris avec moi.</td></tr>
<tr><td>höchstens</td><td>au mieux, tout au plus</td></tr>
<tr><td colspan="2">Diese Fahrt wird dich höchstens hundert Mark kosten.
Ce voyage (trajet) te coûtera tout au plus cent marks.</td></tr>
<tr><td>jedenfalls</td><td>en tout cas</td></tr>
<tr><td colspan="2">Ich jedenfalls bleibe nicht länger hier!
Moi en tout cas, je ne resterai pas ici plus longtemps !</td></tr>
<tr><td>jedoch (postposé)</td><td>en revanche, cependant</td></tr>
<tr><td colspan="2">Das Auto war kaputt, der Fahrer jedoch war kaum verletzt.
La voiture était fichue, mais le conducteur était à peine blessé.</td></tr>
<tr><td>kaum</td><td>à peine</td></tr>
<tr><td colspan="2">Das ist kaum zu glauben!
C'est à peine croyable !</td></tr>
<tr><td>leider</td><td>hélas, malheureusement</td></tr>
<tr><td colspan="2">Das ist leider die traurige Wahrheit.
C'est hélas la triste vérité.</td></tr>
<tr><td>mindestens</td><td>au moins</td></tr>
<tr><td colspan="2">Ich werde mindestens eine Stunde brauchen.
Je mettrai (j'aurai besoin d') au moins une heure.</td></tr>
<tr><td>nämlich</td><td>c'est que, car</td></tr>
<tr><td colspan="2">Ich wußte es nicht. Ich war nämlich nicht da.
Je ne le savais pas, car je n'étais pas là.</td></tr>
<tr><td>natürlich</td><td>bien sûr, évidemment</td></tr>
<tr><td colspan="2">Er ist natürlich wieder zu spät gekommen.
Il est évidemment encore (à nouveau) arrivé en retard.</td></tr>
<tr><td>scheinbar</td><td>il semble que</td></tr>
<tr><td colspan="2">Wer ist diese Frau? Scheinbar seine neue Freundin.
Qui est cette femme ? Apparemment (sans doute) sa nouvelle amie.</td></tr>
<tr><td>schließlich</td><td>finalement, pour finir</td></tr>
<tr><td colspan="2">Aber schließlich hat es doch einen Krieg gegeben.
Mais pour finir, il y eut tout de même la guerre.</td></tr>
<tr><td>selbstverständlich</td><td>il va de soi que</td></tr>
<tr><td colspan="2">Ich habe das Dokument selbstverständlich überprüft.
Il va de soi que j'ai vérifié (l'authenticité de) ce document.</td></tr>
<tr><td>sicher</td><td>certainement</td></tr>
<tr><td colspan="2">Das ist sicher nicht so leicht wie er sagt.
Ce n'est certainement pas aussi facile qu'il le dit.</td></tr>
</table>

sozusagen	**pour ainsi dire**
Er hat sich sozusagen selbst betrogen. Il s'est pour ainsi dire berné lui-même.	
tatsächlich	**effectivement**
Er war tatsächlich vom Baum gefallen. Il était effectivement tombé de l'arbre.	
teilweise	**en partie, partiellement**
Die Straße stand teilweise unter Wasser. La route était partiellement (par endroits) sous l'eau (inondée).	
überhaupt (nicht / nichts)	**(pas / rien) du tout**
Ich habe überhaupt nichts verstanden. Je n'ai rien compris du tout.	
umsonst	**pour rien, en vain**
Habe ich mir umsonst solche Mühe gegeben? Me suis-je (me serais-je) donné tant de peine pour rien ?	
unbedingt	**absolument, à tout prix**
Diese Arbeit muß unbedingt morgen fertig sein! Ce travail doit impérativement être terminé demain !	
und zwar	**à savoir**
Er ist in Italien geboren, und zwar in Rom. Il est né en Italie, à savoir (plus exactement) à Rome.	
vielleicht	**peut-être**
Vielleicht hast du recht, vielleicht auch nicht. Tu as peut-être raison, mais peut-être pas.	
wahrscheinlich	**probablement**
Er hat wahrscheinlich auf deine Antwort gewartet. Il a probablement attendu une réponse de ta part.	
wirklich	**vraiment, réellement**
Das war wirklich so, wie ich es erzählt habe. C'était réellement tel que je l'ai raconté.	
ziemlich	**assez, relativement**
Ich finde diese Übung ziemlich schwer. Je trouve cet exercice assez difficile.	

Index grammatical

Index lexical

Imprimé en France par CPI
en novembre 2017

Dépôt légal : mars 2010
N° d'impression : 144134